漫画图解·口才书系

1分钟掌控表达

深度说服他人的45个说话技巧

崔 洋◎著

人民邮电出版社
北京

图书在版编目（CIP）数据

1分钟掌控表达 ：深度说服他人的45个说话技巧 / 崔洋著. -- 北京 ：人民邮电出版社，2021.3
ISBN 978-7-115-55049-1

Ⅰ. ①1… Ⅱ. ①崔… Ⅲ. ①说服一语言艺术一通俗读物 Ⅳ. ①H019-49

中国版本图书馆CIP数据核字(2020)第195094号

内容提要

为什么你观点明确，好话说了一大堆，还是不能说服他人？因为你没有掌握在短时间内掌控表达，从而说服他人的方法。本书通过讲述精准表达、积极暗示、先听后说、搭建框架、提升语言技巧、引导思维的方法，告诉读者如何在短时间内掌控表达，从而说服他人。

书中讲述的技巧简单、实用，举例贴合实际，并且配有很多幅插图，能够帮助读者提升说服技巧，进而提高沟通能力，成为一个会聊天、能说服对方的人。

本书适合想提升沟通能力和人际交往能力的读者阅读。

◆ 著　　　　崔　洋
责任编辑　单元花
责任印制　彭志环

◆ 人民邮电出版社出版发行　　北京市丰台区成寿寺路 11 号
邮编　100164　　电子邮件　315@ptpress.com.cn
网址　https://www.ptpress.com.cn
三河市中晟雅豪印务有限公司印刷

◆ 开本：880×1230　1/32
印张：7　　　　　　2021 年 3 月第 1 版
字数：149 千字　　　2021 年 3 月河北第 1 次印刷

定价：49.80 元

读者服务热线：(010)81055493　印装质量热线：(010)81055316
反盗版热线：(010)81055315
广告经营许可证：京东市监广登字 20170147 号

前言
PREFACE

全球知名说服术与影响力研究权威罗伯特·B. 西奥迪尼（Robert B. Cialdini）曾说："说服力是一门科学，但它时常被当作艺术，这是个谬误。有些人认为自己对说服力一窍不通，甚至无法哄小孩子玩玩具。实际上，每个人都可以通过学习理解说服力的心理学根源，并且通过运用合理的方法，成为说服力专家。"换言之，要想成功说服对方，你的表达要有严密的逻辑、心理学根据和合理的方法。

但在现实中，不少人在试图说服别人时，总是习惯站在自己的立场上考虑问题，面色冷厉地希望对方接受自己的想法和观点，并不顾及对方的想法和心情，一股脑儿地将自己的想法说出，对方却完全不接受。

此时，他们就会感到疑惑：

为什么自己明明逻辑严谨，观点明确，但是说服不了别人？

为什么自己都快磨破嘴皮了，好话说了一大筐，对方却无动于衷呢？

为什么自己苦口婆心地说了一大堆，却不如别人说上两三句有用？

为什么自己在会议中，很难让别人同意自己的观点和想法？

为什么自己口才不差，却很难打动对方？

…………

说服，从表面上看是口才的较量，其实本质上是逻辑的较量。如果你的说辞漏洞百出，毫无逻辑，自然无法说服对方。换句话说，如果你的逻辑严密，就会让对方无法反驳。

当然，光有逻辑上的较量也是不够的。因为人是有感情的，如果只是逻辑满满，但缺乏情感，也很难打动对方，更难让对方信服。

因此，要想成功说服对方，首先你要明确两个原则：第一个是逻辑 + 情感，第二个是把话说得既精简又有效。具体来说，要做到以下三点：一是把话说得准确，用词精准；二是话语简洁完整，简单却有力度；三是说话深入浅出，一针见血，说清事物的本质。

这两个原则也是我们这本书最想阐述的两个重点。

整体来说，我们可以把本书分为两大部分。

第一部分即第一章，旨在告诉读者，如果想要彻底说服，不仅要有逻辑，还要富有情感，即“左脑逻辑，右脑图像”。同时，介绍了一种能够让说服具备逻辑的“金字塔的3个阶段：结论—理由—例如”，由其总领全书。

第二部分即第二章到第八章，这部分内容介绍方法和技巧，告诉读者高效说服的5个关键、无形说服的6种方式、先听后说的6个技巧、有效说服框架的6个重点、7个语言技巧、引导思维的7个方法、1分钟说服力提升的6个实践。这7章从逻辑到情感，从语言表情到肢体表情，从意识到思维，全方位地帮助读者提升说服技巧，进而提高沟通能力，力图让读者成为一个会聊天、能说服对方的人。

本书语言轻松活泼，可读性极强，书中配有多幅插图，读者无须做逻辑性很强的思考，通过阅读通俗易懂的图画就能获取重点知识。从文字到插图，从案例到技巧，本书无一不用心铸成。希望本书不只是能够提高读者的说服能力、帮助读者搭建逻辑思维框架，更能切实地帮助读者提升沟通能力和人际交往能力，成为一名人人喜爱的沟通达人。

目录

CONTENTS

第一章

CHAPTER 1

深度说服对方的方法

思维决定行为。说服他人最有效的方式就是获得他的认同。为此，我们不仅要了解大脑的分工，还要掌握听者的思考逻辑。“你说的恰好是我想的”，这才是说服他人的最高境界。

01 左脑逻辑，右脑图像

人的大脑有左脑和右脑之分，左脑控制的是数学、逻辑和分析方面的能力，右脑控制的则是想象、情感和图像方面的能力。简而言之，左脑负责逻辑，右脑负责图像和情感。

在沟通中，如果你的表达没有逻辑，就无法调动听者的左脑，那么听者就无法快速理解你的表达意图。但是，光有逻辑，也是没有用的。如果你的表达没有情感和画面感，就无法调动听者的右脑，那么听者就难以被打动。一个人若是不能被同其说话者的话语打动，那就很难被说服。因此，要想成功说服别人就要既对他的左脑施加压力，又对他的右脑施加压力，即你的表达既要逻辑清晰，又要富有情感和画面感。

> 一位客户打算购买一套公寓。他在售房网站看到了这样一则公寓介绍："该公寓离市中心很近（购物方便），离地铁也很近（上下班很方便），房子周边环境清幽，附近有一个公园（居住环境良好）。房子是三室一厅的格局，适合有两个孩子的家庭居住（合理的空间分配）。"

这段文字从地理位置、交通条件、周边环境、房子的空间布局等方面对公寓进行了有序的介绍，逻辑清晰，客户在阅读这些信息时，左脑的逻辑判断很容易便生成，一切看起来都很不错！但是，客户还是难以抉择。这时，如果你是销售员，你会如何说服这个客户呢？

> A：出门 3 分钟就可以到地铁站，公园也在附近。
>
> B：离公园很近，如果有小孩子的话，小孩子在公园里玩耍会很高兴的。

画面感的描述更容易“击中”对方的情感。

聪明的销售员会选择 B 方案，原因是网上发布的介绍信息更注重逻辑，“击中”的是客户的左脑，而在跟客户描述B方案的情境时，客户负责图像和情感的右脑就被“击中”了，客户的脑海中会呈现一幅孩子在公园里快乐玩耍的画面，进而产生一种“我想买这套公寓”的冲动。

因此，如果你想彻底说服对方，就要对对方的左脑（逻辑）和右脑（图像）同时“出击”。

（1）让对方冷静地认识事实

如果你想说服对方，首先你要让对方冷静地认识事实，即先说服对方负责逻辑的左脑，例如案例中先让客户对公寓的地理位置、交通条件、周边环境、房子的空间布局等形成认识，让客户从逻辑上认同这套公寓的硬性条件。用逻辑说服对方的左脑，将为你接下来的成功说服奠定坚实的基础。

（2）让你的描述“图像化”

说服对方的左脑之后，接下来就要让你的描述“图像化”了，即要说服对方负责图像和情感的右脑。例如，你对客户说：“您住在这里，安静的环境可以让您睡好觉。因为地铁站离您很近，您可以在家吃完早餐再精神饱满地去上班，时间完全来得及。周末休息的时候，您还可以带着孩子在公园里快乐地玩耍。另外，这套公寓的客厅很大，您可以邀请朋友来聚会，想想都很有意思，不是吗？”让客户进入想象空间，即想象自己住进公寓的美好感受，用情感说服客户的右脑。

这里我们给大家介绍一个小技巧，即妙用“例如”。

> 我很喜欢现在的婚姻生活，有 3 个理由：第一，目前的婚姻生活让我觉得很放松；第二，我的老公和孩子都很棒；第三，每天的生活都很有乐趣。

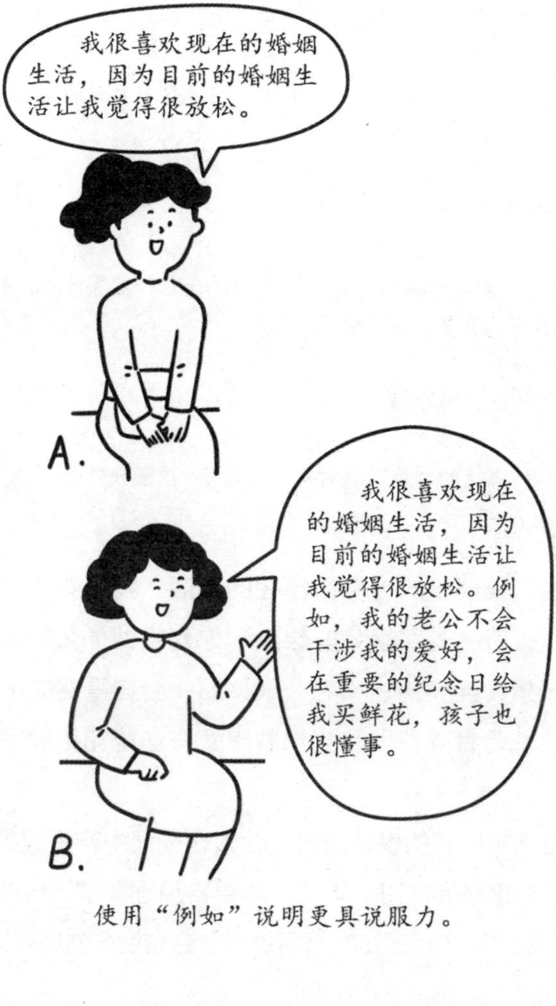

使用“例如”说明更具说服力。

虽然看似给出了很充分的理由，但是，听的人对“婚姻生活放松到何种程度”“老公和孩子都棒在哪里”“生活的乐趣具体表现在哪些方面”是没有概念的，因此，只是这样说的话，听的人可能很难被你说服。此时，你就可以用“例如”来补充一下。

第一，目前的婚姻生活让我觉得很放松。

> 例如，从某种程度上说，我能相应地保持自在的生活，我的老公不会干涉我的爱好。

第二，老公和孩子都很棒。

> 例如，老公很体贴，会在重要的纪念日给我买鲜花；孩子学习也很自主，会帮忙一起做家务。

第三，生活很有乐趣。

> 例如，每天的家庭闲聊时光都很愉快，孩子会跟我一起“欺负”她的爸爸。

当你说“我能相应地保持自在的生活，我的老公不会干涉我的爱好”时，听者脑海里就能想象到你喜欢做什么就做什么的舒服自在的场景；当你描述“老公很体贴，会在重要的纪念日给我买鲜花”时，听者脑海里就会想象出丈夫送鲜花给妻子，妻子很高兴的模样。

这就是击中右脑的表达方式，让人在脑海中产生想象，进而激发情感。当你这样描述时，听的人就更容易理解了，自然也就能对你所说的“我很喜欢我现在的婚姻生活”这句话产生信服。

总之，左脑负责逻辑，右脑负责图像。如果你想说服一个人，只凭逻辑是不够的，还需要使用图像化语言激发情感，这样对方才能被说服。

02 金字塔的 3 个阶段：结论—理由—例如

很多人说话常常抓不住重点，表达没有逻辑，让听者产生一种“你很啰唆”“我不知道你在讲什么”“我不明白你到底想表达什么”的感觉。要想建立清晰的表达逻辑，我建议使用“金字塔框架”进行表达。

“金字塔框架”是指任何表达都可以归纳出一个中心论点（结论），而论点可以由多个论据（理由）支撑，每个理由都可以通过举例（例如）再度延伸。

使用金字塔的 3 个阶段表达的好处在于能够有效地提高我们的表达能力，也能帮助我们厘清思路，即先抛出核心论点（结论），再说明“我为什么要表达这个结论（理由）”，最后再补充“有什么例子支撑我要表达的内容”。一旦你形成利用“金字塔框架”思考的习惯，就能很容易地想清楚一件事情，也能更清楚地向对方表达出来。

> 徐蓉蓉因为到同学李敏所在的城市旅游，寄住到李敏家。她发现李敏经常不吃早饭，考虑到李敏的健康问题，她决定劝说李敏养成规律饮食的习惯。
>
> “我想跟你说一件事情，你不要介意啊。我之前因为旅游去你那里住的那段时间，发现你吃饭很没有规律。以前我们在学校时你就有不吃早饭的习惯，当时我自己也不太注重健康，所以我

当时没觉得这是大问题。可是，去年家里有位亲戚因为胃癌去世了，他生前就经常不吃早餐，饱一顿饥一顿的，这才让我重视饮食规律了。你知道吗？我发现你现在还是不怎么吃早餐，午餐也吃得不规律，吃两口就不吃了，晚餐倒是吃得很多，而且你经常吃外卖。外卖没有营养，吃起来也不健康。还有啊，我最近听说饮食不规律还容易引起皮肤病、肥胖，你看你现在比大学时期胖了很多……”

李敏满是困惑：“你到底想表达什么呢？”

没有逻辑的表达很容易让对方迷惑。

从案例看，虽然徐蓉蓉想劝说李敏饮食要规律，但因为表达无中心，让李敏听得云里雾里，或者要很长时间才能知道徐蓉蓉到底想要说什么。试问，在有限的时间内会有多少人耐心听你讲到最后的结论呢？

我们按照金字塔的 3 个阶段：结论—理由—例如的结构模式重新梳理徐蓉蓉的这段话，结果如下。

> 结论：饮食不规律会严重损害身体健康。
>
> 理由：损害胃肠，诱发胃肠疾病；营养失衡，容易肥胖；身体排毒不畅，容易引起皮肤病等。
>
> 例如：你现在比大学时胖了很多。

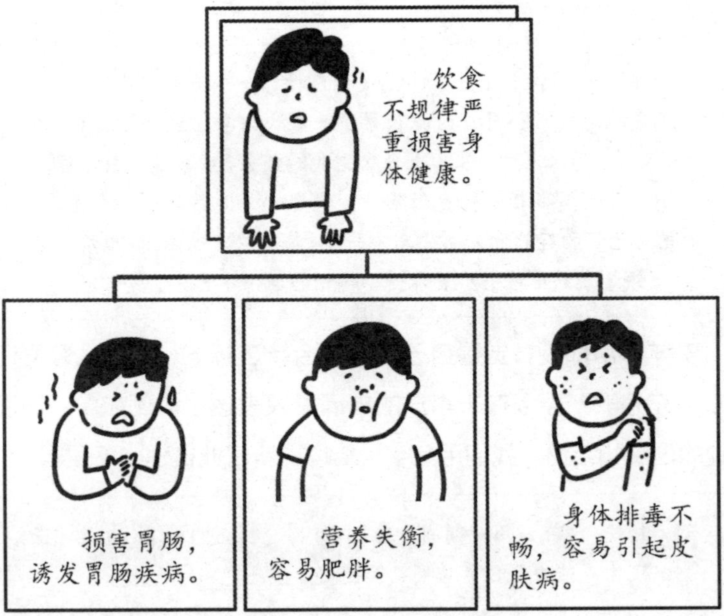

使用金字塔结构说服更具有逻辑性。

如果徐蓉蓉在劝说李敏时采取金字塔结构的说服方式，那么很容易就会让李敏意识到规律饮食的重要性，因为徐蓉蓉给出了 3 个十分令人信服的理由，即“损害胃肠，诱发胃肠疾病；营养失衡，容易肥胖；身体排毒不畅，容易引起皮肤疾病”。同时，为了让李敏有更切实的体会，徐蓉蓉举了一个例子，“你看你现在比大学时胖了很多”。如此一来，李敏不但能很快理解徐蓉蓉是想劝说她规律饮食，还会感觉“她说的是对的”。

以上展示的是在日常生活中通过使用金字塔结构说服他人的例子。在工作中，使用金字塔的逻辑结构，同样能够让自己的思维变得更清晰。

领导要求李洋写一份转正申请，李洋的转正申请如下。

> 我来公司快3个月了。上次我设计的一个方案，成功地解决了客户的问题，公司也因此获得了一笔大订单；我平常对待工作也很认真、尽心尽力，基本上分配到我的任务，我都能很好地完成。另外，我和同事相处得也很融洽，我热心，爱帮助人，毫无保留地把自己好的经验和方法分享给同事。基于以上理由，我申请转正。
>
> 领导拿到申请书后表示：“转正的理由不充分。”

李洋非常郁闷，觉得自己完全符合转正标准，为什么领导还说理由不充分呢？原因在于李洋的申请书只表达了“例如”，却没有明确的理由和结论。我们用金字塔结构重新帮他梳理一下逻辑。

> 结论：我在试用期期间表现出色，符合转正的标准，申请转正。
>
> 理由：能力强、素质高、品德好。
>
> 例如：上次我设计的一个方案，成功地解决了客户的问题，公司也因此获得了一笔大订单；基本上分配到我的任务我都能很好地完成；我总是力所能及地帮助他人，毫无保留地把自己好的经验和方法分享给同事。

两两对比来看，使用金字塔结构的转正申请书明显逻辑更清晰，理由也更充分，更具有说服力。

总之，要想成功说服他人，逻辑清晰的表达非常关键。如果你能够深刻理解并掌握金字塔结构的 3 个阶段：结论—理由—例如，建立金字塔结构式的思维方式，即使只有 1 分钟时间，也能够把自己想说的话清楚地传达给对方，实现有效对话。

本章总结

1. 左脑负责逻辑，右脑负责图像和情感。

2. 金字塔结构的三个阶段：结论—理由—例如，建立清晰的表达逻辑。

第二章
CHAPTER 2

精准表达：高效说服的 5 个关键

高效说服的 5 个关键：说给谁听、要说什么、为什么说、简单地说和建立信任。

01　说给谁听：看清你的说服目标

一个大学生创业者要参加“创业支援”项目比赛，如果胜出，将会得到一笔创业扶持资金。比赛以宣讲的形式进行，她向一位前辈寻求建议。

她说：“我很想得到这笔资金，但是我不知道说什么才能更好地打动对方。这也是我第一次参加这种类型的比赛，所以我心里很没底，现在更是无从下手。”

前辈想了想，问她：“你先想象一下自己现在就站在项目比赛现场，你的听众都是谁？他们想听到什么内容或他们希望你表达什么内容？你在表达时他们会有什么反应？你表达完之后他们会有什么样的表情？例如，他们听到你说什么话时会很认同地点点头或听到你说什么话时表情带有一定的质疑等。”

在前辈的引导下，这位大学生创业者进入想象的画面，她似乎在思考着什么。前辈一说完，她就有种豁然开朗的感觉，然后开始准备自己的宣讲稿了。最终她成功拿到了那笔资金。

人们总是担忧如何才能说服对方，其实这时人们的关注点还是在自己身上，而没有关注到自己的说服对象。高效说服的第一个关键就是要认清自己的说服目标，清楚地知道自己要说给谁听，否则，你的表达就像是一支没有目标的箭，没有方向且无效。

如果你想认清你的说服对象，那就要问自己以下几个问题。

（1）你站在什么立场上

首先，你要明确你所站的立场。不同的沟通有不同的主题和沟通对象，所以你要明确你是站在什么立场上说话的。注意，不能站在自己的立场上，而是要站在对方的立场上或是公正客观的立场上。

例如，你想说服一个人放弃玩游戏，那你就要站在他的立场上告诉他："我理解你想玩游戏的心情，因为游戏好玩且具有吸引力，适当地玩游戏可以缓解压力、调节情绪，但如果沉迷于游戏，就有可能产生很多负面影响……"

相反，如果你只是站在自己的立场上强调"我很不喜欢你玩游戏"，那么你的说服将会变得很困难，因为对方对"你的立场"是不认同的。所以，要想实现高效说服，学会站在对方的立场上进行表达是很重要的。

（2）对方对什么话题感兴趣

如果我们的话题让对方觉得索然无味，听到一半就难以投入其中，我们自然也就无法说服对方继续听下去。因此，要想实现有效说服，你还要了解说服对象喜欢什么话题，想听什么样的内容，进而"对症下药"。

例如，你是一名销售员，很想和一个大客户谈成一笔生意，你提前了解到对方喜欢射击，于是你将其约在射击场上，一边玩射击一边谈项目。这样，你会发现事情变得容易很多。

了解对方对什么话题感兴趣，再借这个令他感兴趣的话题谈自己的观点，更容易让对方接受。

站在对方的角度上，更容易说服对方。

（3）我最终要达成什么目的

说服他人往往基于一定的目的，即你想通过说服达到什么样的目的。在开篇的案例中，大学生创业者的说服对象是评委，她想要达到获取创业扶持资金的目的。为了达到此目的，她需要说服评委认同她的创业计划，为此她需要了解评委想要扶持什么样的创业项目、她要如何说才能打动评委等。

换句话说，当你明确你最终要达到的目的是什么时，根据目的设计表达内容才能有的放矢地实现说服的目标。

（4）对方对专业用语的理解程度如何

要想有效说服对方，我们就要建立严密的逻辑，让自己的语言逻辑严密且有力。但是，也有不少人矫枉过正，为了增强语言的逻辑而过分强调专业用语，结果适得其反，造成对方理解困难。

一般来说，具有较强说服力的人往往有着良好的共情能力，能根据对方的理解水平或理解事物的习惯展开说服。他们即便具有较强的专业能力，也能将专业用语转换成对方能理解的语言。因为你说的内容越是能够被对方理解，对方就越容易听进去。简而言之，你要根据说服对象的知识水平和接受信息的能力来调整你的语言。

> A：李嫣想说服 59 岁的父亲使用智能手机，在教父亲使用智能手机的过程中，李嫣依旧按照自己的语言习惯表达："您先按住这个 Home 键，这个是主屏幕……"很快，李嫣的父亲因为不知道女儿在说什么就放弃了。无论李嫣怎么劝说都不想再学习了。
>
> B：万洋也想说服 60 岁的父亲使用智能手机，考虑到父亲的年龄和理解能力，万洋在教父亲使用手机的某些功能的时候，尽量不使用专业用语，如将"Home 键"称为"小房子"或"圆圈"，"返回键"称为"箭头"等。果然，万洋的父亲越来越感兴趣，很有兴致地接受了智能手机的学习。

根据对方的理解能力，
减少使用专业用语更容易帮助对方理解。

从案例看，正是因为万洋注意到了自己父亲的知识水平和接受信息的能力，才调整了自己的说服语言，并最终说服成功。李嫣则没有关注到自己父亲的知识水平和接受信息的能力，语言表达过于专业，因此说服失败。

（5）我要怎么表达呢

你想好了以上问题之后，就要思考自己要怎么说了。

首先，你要建立正面表达，说服别人时尽量不带有否定性字眼。因为当你用带有否定性字样的语言去说服对方时，对方很难以平静的心情听你说话，甚至还可能被激怒。

其次，语言要温和，言辞不要带有明显的好恶，要真诚地理解对方的心情和想法。

最后，说话时要建立严密的逻辑，你的表达要有层次，要让对方找不出逻辑上的破绽。

如果你想做到精准表达，实现高效说服，那么你首先要搞清楚自己想要说服谁，以及为了什么而说服，进而才能有的放矢地实现目标。

02 要说什么：抓住说话的重点

不少人在表达时总是啰里啰唆地说一大堆，却让人听得云里雾里，难以找到关键的信息。为什么会出现这样的情况？因为说话的人没能抓住说话的重点。

具体来说，出现这种情况有以下几种原因。

一是逻辑表达不清，不知道如何表达才能将自己想说的话语表达清楚、传递明确，反倒说了一大堆没用的话。

二是人们在表达时脑海中会不自觉地出现很多细节描写，或者大幅描述话语背景，这样很容易从一个面延伸到另一个面，在这个过程中就会产生许多不必要的表达。

三是人们在表达时难免会抑制不住炫耀欲，想要向对方展示自己的学识和见解，因此也会加上不必要的表达，使说话没有重点。

如何说才能抓住重点呢？日本著名沟通大师斋藤孝在他的著作《开口就能说重点》中提到一个“河流模式”。什么是“河流模式”呢？假如你和对方分别站在一条小河的两边，为了能够与对方相遇，你就需要在这条河流中放入几块垫脚石，以便自己能够顺利地走过这条河。

把这个场景想象成你和对方之间进行交流的情景，那这里的河流就可以理解成你与成功说服对方的距离，而垫脚石就是你表达的重点。

因此，要想有效地说服对方，表达就要有重点，你要想象在自己和对方中间有一条河流，并把自己要说的重点当作垫脚石，要思考如何表达才能沿着垫脚石到达对方那边，而不是随意地在河里摸索。

> 李阳工作时电脑突然黑屏，他着急地问旁边的刘雯是否有什么解决办法。
>
> 刘雯回答：“我的电脑之前也出现过黑屏的情况，当时我文档都没保存就黑掉了，所有的东西都没了。我那时真的气得不行，觉得自己所有的心血都白费了。我觉得你这是不是打开的程序太多了，然后系统崩溃了，就黑屏了啊？”
>
> 听完刘雯的回答，李阳更郁闷了。

抓不住说话的重点，容易让人迷惑。

从案例看，李阳本来是想向刘雯寻求电脑黑屏的解决办法的，但是刘雯说了一大堆话，并没有说到重点上，即没能提供给李阳电脑黑屏的解决方案。抓不住说话的重点的行为，不仅浪费别人的时间，还会让人郁闷。

在我们“1 分钟掌控表达”时，要想实现高效说服，说话的人就一定要抓住说话的重点。具体来说，说话的人要做出以下努力。

（1）建立以对方为主的表达模式

不可否认的是我们常常说话啰唆，半天说不到重点。重要原因在于，我们往往按照自己的内心想法表达，更多地关注自己的内心感受，建立的是以自我为中心的表达模式。但是，要想抓住说话的重点，你就要有一种“以对方为主”的意识，说出对对方有用的话语。

当你能建立一种要表达“对对方有用的话语”的意识时，你就会更关注对方的内心感受，快速地说到重点内容，而不是只表达自己想说的。

值得一提的是，无论与我们交流的对象是谁，我们都要建立以对方为主的表达模式。因为很多人即便是说同一番话，也会因为接收对象不同而诉说的心态发生变化。例如，对方是集团的总经理，有的人会仔细斟酌言语，以对方为主，说到重点；接收对象是自己的下属，则表达更随意，以自我为主，想到哪里说到哪里。

（2）迅速抓住对方“问的核心”

一般来说，我们的回答往往取决于对方问什么。为了能够更好地抓住说话的重点，我们就要迅速抓住对方“问的核心”，集中精力解决对方的问题。

例如，上司问“你这个阶段的工作情况怎么样？”，此时下属的说服重点则是向公司汇报工作情况，包括工作的开展情况、进度、完成率、完成的结果、是否遇到障碍、是否需要支持等，而不是将重点定位在自己做了多少前期工作、努力等上，因为这并不是对方“问的核心”。

（3）不要陷入细节描述

难以抓住说话重点，往往是因为我们拘泥于细节描述，甚至视细节描述为主要内容。

例如，你想说服你的朋友坚持健身，在你说服的过程中，你并没有诉说健身的重要性和必要性，而是回忆起了一次去健身房办卡的经历，包括你当时的办卡动机、选择健身房的心理、与销售员沟通的种种细节等，其实这些表达与你的说服无关，只会让对方觉得无意义。

因此，我们在表达时，不要诉说与主题无关的细节，这只会让你偏离重点。

（4）将 1 分钟分成 3 个 20 秒或 4 个 15 秒

为了提升有效表达重点的效率，在表达时可以将 1 分钟分成 3 个 20 秒或 4 个 15 秒，并快速地总结要点。每一个要点分配 15 ~ 20 秒，无形中会让你的表达更贴近重点，因为在紧凑的时间里你无暇说出太多无用的话。

使用关键词表达，
更容易抓住说话的重点。

（5）寻找关键词法

寻找关键词法与第四点的分配时间法有异曲同工之妙，即你在说服对方时要先从你的表达中提炼出几个关键词，并让这几个关键词总领自己的表达，这样更能抓住说话的重点。例如，你的说服主题是“人应该多看看书”，而你总结出的关键词是“开阔眼界”“提升心智”“帮助思考”，此时你就可以围绕这3个点展开说服，从而明确自己要表达的重点内容。

值得强调的是，无论你想表达什么内容，都要建立一种帮助对方快速理解的意识，并克制住自己想说废话的欲望，以此提升你的表达重点。

03 为什么说：找到话题的“靶心”

有一个成语叫“有的放矢”，这里的“的”是指靶心，“矢”是指箭，意思是放箭要对准靶子。很难否认的是，很多人在说话时往往不知所云，找不到话题的“靶心”。这里所谓的靶心，就是你的话语所要达到的目的。说话没有“靶心”的人表达的时间越长，脑海中越会闪现“我到底想表达什么呢”“我为什么要说这个话题”的疑惑。

> 张大姐想要给侄子介绍对象，经过观察，张大姐锁定了公司里一个叫王文的小姑娘。王文不仅长得好看，性格也很沉稳。
>
> 午休时间，张大姐看见王文坐在茶水间看杂志。
>
> 张大姐走过去问道：“文文，你吃过饭了吗？”
>
> 王文回答道：“吃过了，张姐。”

> 张大姐担心直奔主题会显得尴尬，于是问王文："你平时爱看杂志啊？"
>
> 王文笑着点了点头，并把杂志封面给张大姐看了看："这上面讲的都是服装穿搭。张姐，您要看看吗？"
>
> 张大姐连连摆手："你看吧，难怪你平时穿得漂漂亮亮的。"
>
> 王文跟着笑了笑。
>
> 张大姐又问："你平时喜欢逛街吗？"
>
> 王文回答："嗯，没事的时候会跟朋友一起出去逛逛。"
>
> 差不多到了上班的时间了，王文跟张大姐说："张姐，要是没什么事情，我就先过去准备准备了，等一下我还要给王总汇报工作。"
>
> 张大姐点头："你去忙吧。"
>
> 王文走开后，张大姐一拍脑袋，才想起来自己要问的都没问出口。

从案例看，张大姐的话题"靶心"应该围绕王文是否恋爱了展开，但张大姐却问了一些与话题无关的问题。同时，随着交流的延长，张大姐甚至忘记了此次交谈的初衷，浪费了一次良好的沟通机会，十分可惜。

高效说服不仅要抓住说话的重点，还要快速找到话题的"靶心"，为此，我们要做好以下几点。

（1）牢记自己的说服目的

找到话题"靶心"的第一步，就是要牢记自己的说服目的。不少人自以为牢牢记住了说服的目的，但是在与对方交谈的过程中却又容易被对方的情绪或话题带着走，偏离自己的说服目的。

> 春节快到了，朱伟想和老婆文丽商量一下给双方父母买礼物的事。谁知他刚一提起，他的老婆倒先抱怨了起来。
>
> 文丽说："我觉得咱们今年也没挣多少钱，就不要像去年那样买那么多东西了。你看去年，我们给双方父母都买了衣服，结果他们还不喜欢。特别是你妈妈，因为邻居也穿了一件差不多的衣服就不高兴，那件衣服到现在也没穿，多浪费啊，还是 1000 多元钱买的呢！"
>
> 朱伟一听就不高兴了："什么你妈我妈啊？那现在不也是你妈吗？"
>
> 文丽声音提高："我这样说不是说得清楚点儿吗？再说了，本来就是你妈妈，我又没说错。"
>
> 朱伟声音更大了："你怎么一点儿礼貌都没有！"
>
> 文丽生气地回复道："我怎么没礼貌了？你是不是后悔了？你把话说清楚！"
>
> 朱伟大吼："我就是后悔了！"
>
> 文丽用同样音量回复道："后悔了就离婚！"
>
> 朱伟大哼一声："离婚就离婚！"
>
> …………

从案例看，朱伟和妻子文丽原本的话题"靶心"是"如何给双方父母买礼物"，最后却偏离到"离婚"上，这就是没有找到话题的"靶心"，忘记了自己当初说起这个话题的原因。结果，不仅没有解决需要解决的问题，还伤害了两个人之间的感情。

因此，当我们在与对方交流时，要始终牢记自己的说服目的，话题围绕说服目的展开，不要被别的话题或情绪带着走，应牢记自己的表达是为说服结果服务的。

话题没有“靶心”，只会越说越偏。

（2）提前列好提纲

如果你担心自己随着交流时间的延长忘了当初说服的目的以及话题的“靶心”，可以提前列好提纲，包括说服的“靶心”、理由并记在纸上，或是有意识地将其记在自己的脑海里。

例如，你想说服一个人减肥，你的说服“靶心”就是“你一定要减肥”。

理由有 3 个：肥胖是健康长寿的大敌；肥胖易引发冠心病及高血压；肥胖影响外形美等。

当你建立了以上说服模式后，不仅能始终围绕话题的“靶心”将话说得很清楚，还能够有条理地说服对方。

（3）先整体后细节

不少人说话没有“靶心”，一个很重要的原因在于采用“先细节后整体”的表达方式。他们往往先铺垫很多细节，然后慢慢说到重点。其实，这样的表达方式不仅越说越绕，还会惹人心烦。

> A：“我这几天一直都在拜访客户。第一个客户是我们的老客户，中间有一段时间我们停止了合作。今天我又去重新拜访了他，给他介绍了我们的新方案，他有恢复合作的意向。然后我拜访了第二个客户，他是我们稳定的客户，一直以来都是与我们合作的。但由于近期他那边出现了变动，所以我还需要持续跟进。拜访的第三个客户是我们的新客户，对我们的产品很感兴趣，我也给他介绍了我们公司的实力和当前市场的竞争力，他很看好，不过他还是决定再考虑考虑。”
>
> B：“我昨天拜访了3个客户，目标是维护两个老客户的合作关系和开发一个新客户。两个老客户的情况是这样的，一个曾和我们中断过合作，另一个近期因为一些内部变动正在考量，我打算在周三之前解决好这个事情，让他继续与我们保持合作。新客户因为地理位置优越，并且需求量很大，可成为我们潜在的大客户。同时，我给他们介绍了我们公司的计划，他们非常感兴趣，我打算明天下午再去拜访一次。”

如果你听下属汇报工作，你觉得A和B的表达哪个听起来更清晰？A的表达让人抓不住重点，也没有记忆点，更没有什么方向感。两者相比，B的表达更清晰明了，也能够让人迅速抓住报告的重要内容。

总之，你在表达前一定要思考自己为什么说，找到话题的“靶心”，而不是自说自话，随意表达，让人困惑。

说话有“靶心”，
表达更容易让人抓住重点内容。

04 简单地说：一语中的才有说服力

战国时期，子禽问他的老师墨子：“先生，多说话到底有没有好处？”

墨子回答："话要是说得太多，好比池塘里的青蛙，整天整夜没完没了地叫，弄得口干舌燥，却从来没有人去注意它，这有什么益处？但是，公鸡只是在天亮时叫几声，大家就知道天亮了，都很留意它。所以，说话不在多，而在说得有用处。"

哲学家墨子的话说明，说话的要点不在于说得多，而是要说到点子上，即言之有物，言之有理。

在日常表达中，很多人喜欢复杂地说，误以为说的话越让人捉摸不透就越让人着迷，令人信服，其实，我们越用更多的语言去描述某个事物，就越难以表达准确。从某种程度上说，表达不在于辞藻多么华丽、语法多么高深，而在于一语中的。

一语中的是指一句话就说清了事情的重点。

> 王雯向朋友抱怨说："时间过得太快了，我感觉昨天还没有过去，明天就又来了。大学毕业之后，我觉得自己都没有好好地思考人生，不知道自己为什么活着，自己的终极目标是什么。所以，我总是觉得不快乐，甚至有时觉得人生了无意义。我该怎么办啊？"
>
> 周也说："我觉得人活在这个世界上就是要尽情做自己想做的事情，这一生真的很短暂。你说你不知道为什么活着，甚至觉得人生没有意义，其实我也有这样的想法，所以特别理解你。"
>
> 杨舟看到王雯和周也丧气的样子，只说了一句话："杨绛先生说：'你的问题主要在于读书不多，而想得太多。'"
>
> 王雯和周也顿时一惊，却又不得不笑着承认："虽然这话听着有些伤人，但确实很对。"

一语中的才具备说服力。

从案例看，虽然周也的表达有些地方也很中肯，但还是拘泥于王雯当前的心理状态，同时将话题引到自己身上，让当前情况变得更复杂，却不能起到说服王雯的目的。相反，杨舟通过著名作家杨绛先生的一句名言瞬间戳中要害，既说得简单，又一语中的，具有说服力。

表达时一语中的能起到四两拨千斤的作用，快速说服对方。其实，很多人想做到一语中的，但往往受表达能力的限制，很难在瞬间就总结出要点，表达出自己想要表达的，那么该怎么办呢？

（1）省去“间接语言”，学会清晰表达

在心理学中因为我们经常无法得知别人的价值底线，所以为了能够保持某种安全距离，很多人会使用许多尽量让大家保持和谐的

"间接语言"。例如，你不确定对方对某一事件的真实想法，为了避免抨击"误伤"对方，于是说一些折中或有所保留的话语。当然，这一行为也能被理解，但是大多时候这种表达反而会让你的观点变得模糊，还会给人留下不够真诚的负面印象。

因此，你在表达之前，要考虑省去一些不必要或不相关的表达，不要被过多的顾虑干扰，要学会清晰、直接地表达出自己的核心想法和观点，这会增强你一语中的的能力。

（2）不断删减，减到只剩下最后一句

如果把说的话比作一棵树，那么一语中的话就是树的主干，而过多的表达就是主干旁边的枝丫。要想做到简单地说且一语中的，你就要不断剪枝，剪去表达中那些不重要的、说不说都影响不大的话语，并仔细权衡剩下来的话语，再不断删减，减到只剩下最后一句，那么这句话很可能就是非常有力量、有见地的一句话了。

（3）了解对方的心结所在

如果你想在浑浊的水中看见水底的石头，最好的方法是什么？就是慢慢等浑浊的水变清澈。同样，如果你要想说服对方，就要看见对方心底的“石头”，这里的“石头”是指对方的心结。如果你能一语中的，说中对方的心结，自然就能成功地说服对方。

因此，当对方表达时，你要安静地听，听对方在表达一件什么样的事情，事情的关键冲突是什么，对方的情绪点在哪里，对方在意什么等，这些都需要你仔细倾听，甚至你要换位思考，设身处地地倾听，这样才能听到真实的内容。

当你听懂了对方表达的意图后，一定要仔细思考，把话说到“刀刃”上，进而才能把话说到对方的心里去。此时，表达一定要简洁，一语中的比多铺展无重要作用的细节要有力得多。

注意，在表达的过程中务必保持坦诚，用心说话，而不是将自己的观点强加给对方。

为什么我们在给电脑输入一个指令后，它能立即返给我们想要的信息？因为它有一个相应的“输入—输出”程序。人也可以有意识地做到这一点：一方面，作为信息的接收者；另一方面，作为信息的发送者。“输入—输出”都在我们的脑海中完成。这时候要想简单地说，就要做到像接收到指令的电脑一样，不要在脑海中蔓延出各种想法，而是要正面回应对方的问题，并使用最精准的方式表达出来。

总之，如果想要简单地说，就不要把事情想得很复杂，因为往往最直接的表达和反应才是最真实的、最能影响到对方的。

05 建立信任：消除戒备才有机会说服

为什么我们不能轻易地说服陌生人？原因在于陌生人对我们心存戒备。一旦对方对我们产生了戒备心理，对方的身体和精神都会有形或无形地呈现出一种“抵抗”状态，例如眼神透露出一种敌对意味，身体也明显朝着与你相反的方向紧绷着。

同时，一旦对方将“不”说出口，你会发现再说什么都无济于事，因为对方不愿意做出改变。即便在接下来的说服中对方察觉你说得很有道理，但因为之前做出过否定的回答，出于自尊心等各种考虑，他们也不愿更改答案，也不愿意被你说服。换句话说，你只有消除对方的戒备心理才有机会说服。

美国著名人际关系学者戴尔·卡耐基（Dale Carnegie）曾经说过这样的一句话：“与人交谈，要让对方接受自己的观点，不要先讨论双方不一致的问题，而要先强调并且反复强调你们一致的事情。让对方一开始就说‘是’‘对的’，而不要让对方一开始就说‘不’。”所以，我们要在对方说“不”之前积极建立信任关系，消除对方的戒备心理。具体来说，我们可以做出以下努力。

（1）塑造让人信服的形象

在心理学上，印象管理也被称为印象整饰，是指人们试图管理和控制他人对自己所形成的印象的过程。一个人自我管理程度越高，越会给人留下良好的第一印象，从而有效降低人们的心理戒备。

因此，要想消除对方的戒备心，让其信任你，首先你要塑造一个让别人信服的形象。可信的形象包括以下 4 点。

一是干净的外表。如果一个人蓬头垢面，穿着邋遢，那么很难给对方留下良好的第一印象。相反，穿着得体、干净，更容易赢得对方的好感。

二是专注而坚定的眼神。如果一个人眼神闪闪烁烁、飘忽不定，就很容易给对方一种怪怪的感觉。相反，如果眼神专注而坚定，那么在视线连接的瞬间，这种有力量的眼神就会感染对方。

三是真诚大方的表情。包括微笑，面部表情轻松、柔和等，这也会让对方放松戒备。

四是良好的行为举止。如果一个人举止粗俗，动作过于不拘小节，那么也是很难赢得对方的好感的。相反，举止有礼、友好，很容易让对方产生好感。

塑造令人信服的形象。

需要强调的是，虽然让人信服的形象是基于消除对方的戒备心理、建立信任关系的角度考虑的，但是在塑造形象的时候，你务必保持真诚。这里的真诚不仅是指行为、外表要真诚可信，还要从思想上建立真诚的意识。

很多人确实打造了精致好看的外表，但如果眼神或某个细微的动作让对方产生“眼前这个人很虚伪”的心理感受，那么对方就会因此产生抵抗心理。

（2）保持分寸感和界限感，给予对方安全距离

不能否认的是，生活中有很多人缺乏分寸感和界限感，这一行为会增强对方的戒备心理。例如，两个人并不熟识，其中一个人一开始就对另一个人勾肩搭背，称兄道弟，或者亲热地“姐姐长姐姐短”，这只会将对方推得更远。

把握好节奏，给予对方安全距离非常重要。这里的安全距离包括物理距离和心理距离。物理距离是指人与人的间隔不小于半米。尤其是在两个人比较陌生的情况下，物理距离过近会给人带来压迫感。心理距离是指不要踏入对方的隐私空间，或强迫对方接受自己的想法或意见。

因此，当你打算说服一个人时，要把握好节奏，不能表现得太过急切而带有压迫性。例如，言语不要过于急切，肢体动作不要过于急躁，要保持安全距离。

（3）合理化说服动机

为什么很多人会对销售员形成自发的戒备心理？因为在他们的

潜意识里，销售员就是无视他们是否需要就说服他们购买产品的人。这是因为买卖双方信息不对等，极容易让客户因为不了解事情真相而产生不安的心理，自然无形间就形成了戒备心理。

因此，合理化你的说服动机也很重要，不要试图让对方立即接受你的想法。

> 王欣是一名化妆品销售员，每天要向不同的客户推销自己的产品。王欣的销售模式是“这款产品特别适合你，特别好……”在这个过程中，王欣多次因为客户的戒备而推销失败。后来，她进行了反思，发现自己每次在见客户的时候推销意味都很浓，说服动机也过于明显，所以总是失败。
>
> 意识到自己的问题后，王欣转变了销售方法，以客户的需求为导向，她转而关注客户的肤质——“您的肤质是哪种类型的？您平时喜欢用哪种类型的化妆品呢”，不再一味地将产品的功能和优势介绍给客户，而是介绍适合客户肤质的化妆品。王欣意外地发现，客户由此更愿意对自己敞开心扉，更愿意听自己的介绍，双方也更容易建立信任关系。

从案例看，王欣取得胜利的关键在于不再一味地将产品的功能和优势介绍给客户，而是转向客户的需求，以解决客户的问题为导向，在此基础上给客户推荐适合他们需要的产品，从而化解了客户的抗拒心理。

在其他场景中，这种方法同样适用。如果你以自己的利益为主导，那你就会引起对方的抗拒。相反，如果你能站在对方的角度上为对方考虑，往往就能很好地消除对方的戒备心理，有机会说出更多的话语，实现自己的说服目标。

合理化说服动机，会降低人们的戒备心理。

总之，只有消除了对方的戒备心理，你才能与其建立信任关系，进而获得说服机会。建立信任关系的关键就是要由内而外地让对方觉得你真实可信。

本章总结

1. 如果你没有认清说服目标，那你的表达就像是一支没有目标的箭，没有方向且无效。

2. 有效地说服对方，表达有重点，你就要建立“河流模式”。

3. 找到话题的“靶心”，你的表达才能有的放矢。

4. 表达一语中的，往往四两拨千斤。

第三章
CHAPTER 3

积极暗示：无形说服

除了语言的力量外，外在形象和肢体语言同样具备无形的说服力。你的“外表”惹人喜爱，例如穿着清爽利落、表情热情、举止文雅、态度恭敬……能增强你的说服力。

01 “讨喜”的形象自带说服力

心理学上有一个第一印象效应和晕轮效应。第一印象效应是指交往双方形成的第一次印象对今后交往关系的影响，即先入为主带来的影响。晕轮效应是指把某种观点（人物、事物）与一个美好的词联系起来，能使人未经验证而接受、赞许某个观点、某人、某事物。这两个效应反映出如果一个人外在形象良好，就会对后续交往有正面的影响。因为很多人在与对方真正接触之前，会通过对方的外表判断其是否值得信任。换句话说，一个人良好的形象能在一定程度上增强一个人的说服力。

一般来说，带来良好第一印象的形象是“讨喜”的形象，例如清爽的面容、干净得体的装扮、优雅有礼的举止等。对方往往会通过你良好的形象正向判断你的人品、生活方式和能力。相反，如果一个人展现的形象是不修边幅、举止邋遢、精神萎靡、表情慌张等，那么很容易让对方质疑他的能力和为人。

> 李敏追求随性自由的生活方式，常常穿着宽大的衣服，身材因为长期放纵吃喝而变得臃肿肥胖，皮肤也因为长期熬夜而肤色暗沉、长出痘痘。李敏去一家公司应聘，尽管笔试成绩不错，但是依旧被淘汰了。
>
> 面试结束后，她向自己的朋友抱怨这件事情。
>
> 她的朋友问：“你今天是不是以这个形象去面试的？你看你的衣服太过肥大，头发也没有造型感、脸上还有黑眼圈和痘痘，你也不化妆来遮掩一下，整个人感觉精气神很差。我毫不客气地讲，如果我是面试官，我可能也不会让你通过。因为面试官看到你现

> 在的形象，心里肯定会嘀咕‘这人靠不靠谱啊，能力行不行啊’，他很难从你的形象中看到你的能力。如果你在面试过程中发挥不佳，他更会确认自己对你的负面评价。”

不“讨喜”的形象，
会失去信服力。

随着审美标准的提升和时代的发展，在人与人的交往中，除了情商、智商发挥着重要的作用外，美商的影响力也逐渐提升。美商全称“美丽商数”，并不是指一个人的漂亮程度，而是一个人对自身形象的关注程度，对美学和美感的理解力，甚至包括一个人在社交中对声音、仪态、言行、礼节等一切涉及个人外在形象因素的控制能力。与一个不注意个人形象的人相比，打扮得清爽、优雅的人更容易让人心生好感、使人信服。

这也就是李敏的朋友指出的李敏落选的重要原因——不注重外在形象，导致面试官对她的印象大打折扣，进而影响了她的面试结果。与人交往，对方首先感知的就是我们的外在形象。被美国人誉为美国历史上最优雅的总统夫人杰奎琳深谙此道，她有一句名言："我知道我不管做什么事，都不如我把衣服穿得好更重要。"她认为对方会通过你的外在形象来判断你这个人是否可信。如果外在形象"讨喜"，你会赢得更多的好感和信服。

所以，如果你想在开口之前具备说服力，就需要用心打造一个"讨喜"的外在形象。

（1）清爽干净的面容

不需要名贵的首饰装饰，也不需要华丽的衣服，一个清爽干净的面容就能给人留下非常美好的印象。要想保持清爽干净的面容，具体可做好以下 4 点。

一是清爽丰盈的头发。一头清爽丰盈的头发能够给人干净利落的感觉。相反，如果头发油腻，头皮屑很多，就会给人一种不清洁之感。

二是不油腻的皮肤。如果一个人皮肤粗糙、满脸油腻，也会给人不清洁之感。所以，保持面部皮肤的清爽、干净十分重要。

三是干净洁白的牙齿。干净洁白的牙齿是绽放笑容的加分点，也是整体外在形象的一个很好的加分点。

四是得体的淡妆。如果面部皮肤有瑕疵，眉毛杂乱等，就可以通过淡妆修饰。得体的淡妆不仅可以修饰人面部的缺陷，也能给人一种被尊重的感觉。

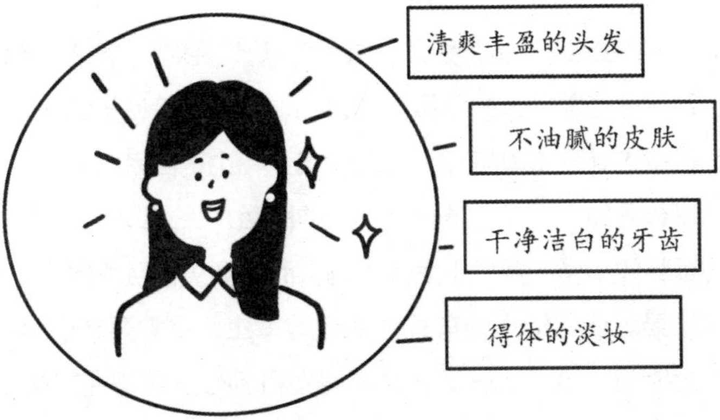

清爽干净的面容会让人心生好感。

（2）整洁得体的穿着

人靠衣装，整洁得体的穿着既能提升一个人的气质，又能给别人留下良好的印象。向来被人称道的优雅女士代表宋庆龄，在会见客人的时候，总是穿一袭素雅的旗袍，绾着比较传统的中国式发髻，虽然没有佩戴什么华丽的珠宝，却显得美丽大方、气质高雅，给别人留下良好的印象。

所以，找到符合自身气质的服饰搭配，保持整洁得体的穿着非常重要。男士打扮偏绅士，女士偏淑女，就会给人宛如“清风拂面”的感觉，即便对方还没有与你展开交流，也很期待与你的相处。

（3）优雅有分寸的行为举止

“谦谦君子，温润如玉”“亭亭玉立，风姿绰约”这些都是形容一个人外貌、举止的美好词语。一个人的行为举止优雅有分寸，站有站相，坐有坐相，同样会让人产生信服感。

具体来说，包括以下 5 点：

一是不在公众场合大声说话，说话的音量只要对方能清楚听到即可；

二是不要当着别人的面做出挖鼻孔、掏耳朵等私密行为；

三是待人处事不卑不亢，既不傲慢无礼也不自卑自轻；

四是尊重他人，不随意打探别人的隐私；

五是肢体动作不要过于大大咧咧，而是要缓慢且细致。

你如果想要保持优雅有分寸的行为举止，就需要从小事做起，例如学会控制音量，让一举一动都缓慢且到位，这都能影响别人对你的感受。总之，外在形象、举止行为是否“讨喜”，决定着你在对方心中的形象。因此，请务必让自己随时保持“讨喜”的形象，以此来增强你的说服力。

02 营造舒服的沟通氛围

人与人的相处都需要有一种氛围，氛围对了，相处友好融洽；氛围不对，双方则很难建立亲和的关系。很多人判断氛围是否对的标准是“自己是否感觉舒服”，如果自己感觉不舒服，就很难继续沟通，忍不住想要逃离。

一般来说，舒服的沟通氛围包括物理氛围和心理氛围。

物理氛围是指外界的自然环境，自然景观、温度、气味、色彩等，都会影响人的心情，进而影响沟通的效果。例如，你选择在一个封闭狭小的空间里与对方交流，对方很容易心生烦躁，你自己也会有这样的感觉；而在优雅宁静、空间充足、花香馥郁的空间里交流，就很容易给彼此带来舒服的感受。

心理氛围一般对应的就是我们开头说到的沟通双方从对方那里得到的感觉，例如你的表现如果能让对方觉得你是一个真诚的、坦率的、友好的、没有偏见的人，动作、表情也传递出了善意等，对方与你相处时就会感觉非常愉快。

具体来说，营造舒服的沟通氛围需要做好以下 4 点。

（1）保持真诚是基本

“为什么你觉得跟他相处感觉不舒服？”对于这个问题，很多人的答案是“他不真诚”。

“不真诚”具体表现为笑容虚假，不是从内心发出来的；内心毫不在乎却又假装自己很关注的样子；内心计较却又总想表现出自己大方等。这种表里不一的行为即便伪装，也会露出蛛丝马迹，因为与你交流的人也在细细打量你的言行，敏感地揣摩你的真实意图。真诚常常表现为以下 3 点。

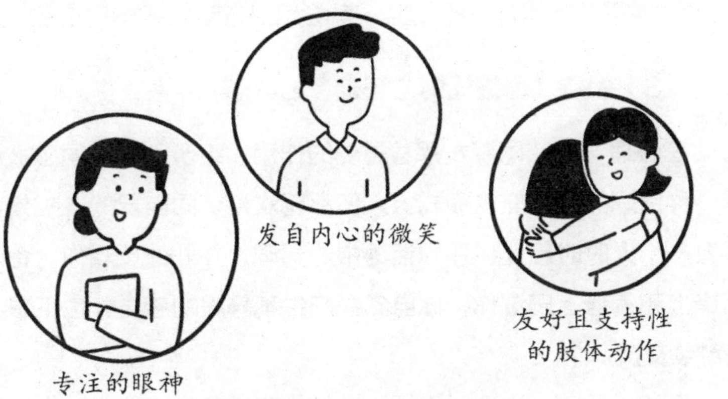

真诚的形象让人感觉舒服。

一是专注的眼神。认真地看着对方的眼睛，眼神真诚友好，而不是充斥着打量或飘忽不定。

二是发自内心的微笑。眉眼带笑，脸部肌肉上扬，眼角有皱纹，而不是假笑，皮笑肉不笑。

三是友好且支持性的肢体动作。如握手、拥抱、身体前倾等，而不是身体后仰，双手插在口袋，看起来一副不可一世的姿态。

（2）选择一个好的话题很有必要

当两个人的沟通很投缘，话题和兴趣都很相近时，沟通氛围也是很舒服、融洽的。因此，选择一个好的话题很有必要。你可以根据沟通对象的性格、爱好或职业特征选择适当的话题。例如，对方是一名画家，你可以聊及对方的作品、其行业内的大师作品或画家流派等。

需要注意的是，如果话题涉及对方的专业领域，那么你在设计话题时可以适度表达不带有否定性的想法，但不要过度评价对方的专业，即便夸赞都不要过度，一旦过度，就会给对方带来不舒服的感觉。

（3）保持“尽量让对方正确”的心态

在心理学上认同感发挥着重要的作用，给予别人认同感被认为是一种良好的互动交往模式。人们都喜欢与认同自己的人相处。如果有一个人时时想要抓住你话语中的漏洞，并处处反驳你，企图在话锋上和气势上压过你，你自然会产生不舒服的感觉，也不想与对方继续交流。

例如，很多人说话时习惯说出如“不不，我不这样认为，我觉得你的想法是错的……”“我理解你的想法，但是……”“不对，我不这样想……”“你说的不对……”，这些话语一旦出口，对方就很难对你产生好感，也就不愿继续与你交流了。

否定会给对方带来不舒服感。

认同会给对方带来舒服感。

因此，要想营造舒服的沟通氛围，在沟通之前就要保持“尽量让对方正确”的心态。具体来说，可以多使用以下表达方式。

一是“我理解你的看法，同时……（积极的，能让对方舒服的）”，而不使用“我理解你的看法，但是……（虽然部分认同，但对方在听到‘但是’后还是会感觉不舒服）”，如果一定要用“但是”，可以试试使用“我觉得你说得挺对的，但是我还需要先消化一下……”的句式进行表达。

二是“你说的××点挺对的……”“我认同你说的××，如果再补充××点，就更好了……”等句式，真诚地对部分内容表示认同。

三是语气平和、表情温和地表述，而不是频频打断对方的话。

（4）语调要与对方保持一致

人与人对话时语调也能传递一个人的心情和感受。如果你与对方在交流时语调趋于一致，就能让对方感受到你与他同情绪、共心情。因此，你的语调要尽量与对方保持一致。

例如，对方是个性格温暾的人，而你却是爽快的个性，那你无形间会对对方造成心理压迫，对方就会产生一种不舒服的感觉，所以你可以适当放缓语速，降低语调，跟对方保持同频。同样，你的性格温暾，而对方的性格火辣，也难以舒服地相处，这个时候你可以相应地跟随对方的频率加快语速，提高语调。

总之，在开口之前营造舒服的沟通氛围是非常重要的。一方面，你要营造舒服的物理环境，让双方能够在一个轻松愉快的氛围里交流；另一方面，你也要营造舒服的情感环境，保持真诚，多认同对方，让对方感觉到你很喜欢他，很愿意听他说话、跟他交流。

03 让对方感觉“我是主角”

在电视节目尤其是访谈节目中，主持人总把嘉宾放在主角位置，让自己作为配角去提问，双方沟通十分愉快，嘉宾也会愿意吐露更多的真心话。我们设想一下，如果主持人时刻营造“我是主角”的交流模式，把嘉宾当成配角，恐怕整个谈话气氛可能就没那么愉快了。

人与人在交往时往往会有以下 3 种心理：

一是在交流惯性的引导下，人会建立以“自我为主角”的对话模式，这也是人与人之间交往时常会犯的错，即有意无意地把自己当成主角，让别人重视自己，并希望接下来的对话由自己主导；

二是当你意识到对方的存在之后，你就会有所转变，即开始建立平等的关系；

三是当平等的关系建立后，慢慢地你就会克服以自我为主的惯性和对建立平等关系的渴望，更关注对方的感受，让对方成为主角。

人与人交往时的 3 种心理。

美国人际关系学大师卡耐基认为，人与人交往时，只有尊敬对方，交际活动才能顺利进行。如果总是压制、强迫对方服从自己，不久后对方就会对你产生敌对情绪，从而不再信赖你。

同时，从马斯洛需求层次理论也能得知，人有爱与被尊重的需要。每个人都希望得到别人的关注和认可，一旦你被对方认可，也会对对方产生亲近感，交流也更顺遂。相反，如果在一段关系建立中，你总是试图把自己当成主角，释放自己的光芒，并企图在气势上压住对方，那么你很难让对方信服。

所以，让对方感觉“我是主角”非常重要。具体来说，建立“对方是主角”的对话模式有什么技巧呢?

（1）把微笑推迟 1 秒

在与对方的交流中，从见面的第 1 秒开始你就要让对方感觉“我是主角”。

例如，你面带微笑地看着对方，让对方有种“他见到我很高兴”的感觉。这里有一个小技巧，当你和对方第一次见面时，或者见过几次面，你再次看到对方后，间隔 1 秒再笑。这会让对方觉得你的确是见到他之后才笑的。这时对方会产生这样的心理感受：“看见我才笑 = 对方看到我很高兴 = 对方是因为我才笑的（感觉自己受到了重视）。”这是一种很微妙的心理反应，让对方知道你因为他的到来而感到高兴。这种表现更容易赢得对方的好感和亲近之心，同时也能让对方有以他为主的感觉。

（2）放低姿态，学会做配角

很多人在与别人交流之前喜欢营造一种自己把控全场的气势，如目空一切、态度傲慢、表情不耐烦等，他们喜欢放大自己的内心感受，并试图掌控别人，认为大家都应该为自己服务，以自己为重，这种以“我是主角”地位自居的人，在对话中很难赢得别人的好感。

> 肖晓雯长相漂亮，向来是人群中的焦点，而肖晓雯也很享受这种感觉。即使是在工作中，她也常常自带一种“主角光环”。一天，同事聚在一起聊明星八卦，肖晓雯刚好过来，还没说话姿态就摆出来了，坐在最显眼的位置，整了整自己的裙子。然后，肖晓雯伸了个懒腰，懒洋洋地说：“你们刚刚都说什么了？说给我听听啊。”语气里尽是掩饰不住的优越感，好像同事就该给她讲述一样。同事面面相觑，很快就都找借口离开了。

为什么大家都找借口避开肖晓雯？因为肖晓雯在人群中营造了一种“我是主角”的姿态，如目光高傲，坐在最显眼的位置，认为大家都应该以她为中心等。这些行为都会让人产生抗拒，想要逃离。相反，学会放低姿态，学会做配角，更有助于我们赢得他人的信任和支持。

具体来说，放低姿态，学会做配角是指多听少说，多将目光和关注点放在对方身上，把更多的话语权交给对方，同时多向对方表示认可和肯定。这会激发对方想要说出更多的内容，也更能让对方对你产生信任的心理，你也能更好地说服对方。

（3）选择“温和”的位置

选择“温和”的位置也非常重要。例如，你与对方面对面而坐，你坐的位置不可高于对方，以免对对方造成心理压力。除了位置的高低外，你的坐姿也要端正，而不是倚靠在座椅背上，露出一副不可一世的姿态。

在与自己同级的人说话时，你们可以并肩而坐，保持同样的高度。

在与领导说话时，你可以与领导保持一定的距离，适当保持一种低姿态。

在与下属说话时，你可以与下属斜对面入座，同时坐下的位置稍高于下属。

此外，入座时尽量让对方先入座，自己入座时动作要轻，不当着对方的面整理自己的服饰等，从这些细微处建立以对方为主角的意识。

选择“温和”的位置，
让对方感觉“我是主角”。

如果你想做得更完美，你可以提前编排一个“剧本”，就像访谈节目中的主持人建立的“嘉宾主角意识”一样，了解对方有什么爱好、有什么特别的经历、有什么习惯、有什么禁忌等，自己坐在哪个位置、怎么坐、姿态该怎样等。基于这些信息，去拟定让对方成为主角并能打动对方的“剧本”。

当然，你的这些行为都要真诚，你要确实对对方产生真诚且善意的兴趣，而不是为了满足自己的私欲去刻意了解这些信息。最重要的是，不仅要在动作上建立亲和的“对方主角”意识，更要从思想上建立此意识。

总之，让对方成为“主角”不仅不会降低你在对方心目中的形象分，反而还会让对方对你青眼相加，更愿意与你交流，也更容易被你说服，你在这个过程中将获得真真正正的实惠。

04 热情的态度更易打动人心

调查表明，在销售成功的案例中，热情的态度所起的作用为95%，而对于产品知识的了解所起的作用仅占 5%。不只是在销售场合，在任何社交场合，热情的人都更能赢得对方的好感，让对方更有兴趣与你进行更深入的对话。

> 李菲菲打算找销售冠军王冉取经：“王冉，你真的很厉害，又签了一个大单，不像我，进入公司快 3 个月了还是签不到一个单，每次我说不到 10 分钟客户就找各种理由将我打发了。你有什么好方法吗？”
>
> 王冉看着李菲菲失落的样子，安慰道：“菲菲，其实我一言

两语也总结不好。这样吧，刚好我今天下午约了客户，要不咱们一起去吧。”

当天下午李菲菲和王冉一起去拜见客户，亲眼看到客户在合同上签了字。

在回去的路上，王冉问李菲菲：“你看出什么了？”

李菲菲想了想，说：“我感触最深的就是你特别热情，和客户说话时始终面带微笑，语气听着让人感觉很愉悦。”

王冉笑着说：“菲菲，这可能就是我取胜的法宝啊！热情特别能感染对方，能打动对方与你合作。”

李菲菲点点头：“你这么一说我就回想起我与客户见面时的状态了，我总是很紧张，也缺乏热情，尤其是当我看出客户有拒绝的念头时，我整个人的精气神儿都不好了。”

热情的态度更易打动人心。

从案例看，王冉和李菲菲的表现区别在于：

王冉特别热情，始终面带微笑，语气让人感到愉悦；

李菲菲紧张，缺乏热情，精气神儿不足。

结果：王冉顺利成交；李菲菲销售失败。

热情的态度是充满感染力的，也更能打动人心。俗话说“伸手不打笑脸人”，谁都不想和一个面色阴冷、表情阴郁的人相处、交流。如果细心观察，你会发现热情度高、能力偏低者普遍比热情度低、能力高者受欢迎。其实这也不难理解，我们回忆一下我们身边的同事和朋友，可以知道，往往更受欢迎的是那些热情满满、能量无限的人，即便他们能力不强，我们也乐于帮助他们、与他们相处。相反，那些看起来很严肃、不苟言笑的同事或朋友，即便他们能力很强，我们也很难对其产生亲近之心。

因此，我们要提升我们的热情，积极暗示对方我们很喜欢和他交流。具体来说，我们要做好以下两点。

（1）使用积极的面部表情、语言声调和身体姿态

热情具有重要的作用，它能够化解彼此的隔阂。如果你去拜访客户或朋友，对方非常热情地迎上来，给你一个满怀真情的微笑和眼神，声音喜悦，你会感觉如沐春风，会很期待接下来的谈话；如果对方面色冷峻，声音僵冷，你的内心感受肯定不会很好。

一般来说，人的热情可以通过面部表情、语言声调和身体姿态表现出来。

展示热情。

一是笑容灿烂，神采飞扬。与对方交流时，要多微笑，展现饱满的、积极的精神状态。

二是眼神恳切，带着真诚。与对方交流时，眼神要真诚，专注地看着对方，让对方感觉你非常喜欢听他说话。

三是面部表情放松。面部表情要轻松柔和，不要出现皮笑肉不笑、面部肌肉紧张等情况。

四是声音清扬，充满愉悦。热情的声音是清扬的、愉悦的，随着情感波动发生变化的，而不是死气沉沉、僵冷、一成不变的。

五是身体姿态积极，如竖起大拇指、鼓掌、拥抱、握手等，要少做抱着胳膊、跷着二郎腿等抗拒性的动作。

（2）热情要有一定的度

有不少人会提出质疑：“我也很热情，但是我感觉并没有起到什么作用。”其实，热情非常有用，失败的原因可能是你没有掌握好热情的度。

事情做得过头就和做得不够一样，都是不合适的。你可能也常看见不少人为了向对方展现自己的热情，第一次见面就跟对方称兄道弟，甚至勾肩搭背。如果你与对方第一次见面时对方就一把搂住你，拍着你的肩膀，脸贴你非常近，你会觉得这种热情很怡人吗？当然不会，这种过度的热情只会让人心里不快，揣测“热情”的真实用意。

因此，热情须是真诚的、适度的、令人愉悦的、自然的、大方的，而不是虚假的、过度的、令人不快的、做作的。如果你的热情能愉悦对方身心，那么你的热情就是有价值的，这种热情也是能够被对方所感知并得到对方信服、让对方愿意对你敞开心扉的。

05 利用肢体动作建立同步合拍的默契

我们可以想象这样一系列画面：你和朋友聚餐，进门的那一刻你们都做出了先推开门且让对方先进的动作；在位置上坐定后，两个人又都想给对方倒水，又同时端起茶杯喝水，你们相互对视，很有默契地笑了，接着又同时放下了茶杯；或者，当你的朋友端起茶杯喝水时你也跟着端起了茶杯；等等。这时你们内心会有一种莫名的美妙体验，而这种美妙感会进一步拉近你们的距离，让你们的感情更相融、相通。这就是肢体动作的同步合拍。

在心理学上有一个很有意思的效应，叫“变色龙效应”，又称“无意识模仿”，是指人们在社会交流中会相互无意识地模仿对方的一些动作、表情和行为方式。该效应在个体社会认知以及人际交流中扮演着重要的角色。

荷兰拉德堡德大学的一个教授通过实验发现，在交流过程中，模仿对方的表情等非语言信号，可以感受到对方的情绪体验，而当对方发现自己被模仿时，会拉近彼此的距离。同时，通过模仿而建立起同步合拍的默契，会使得整个交流过程变得更加顺畅。

> 李明是一名销售员，可是业绩一直没有长进，一次他与一位学心理学的朋友聊到了这件事情。
>
> 朋友说："我可以给你一个小建议，这也是我们常常忽略的，就是'你试着同步客户的动作'，无形间向他传递你的友好，能迅速地让客户建立对你的好感和信任。"
>
> 一天，李明去拜访客户，发现客户的态度比较冷淡，他决定试试朋友说的"小妙招"。
>
> 李明发现客户在与他说话时倚门而立，一只手放在自己的肚子上，于是李明也跟着做出这个动作……客户拿起桌上的茶杯喝水，李明也跟着端起客户给自己倒的水杯……客户放下茶杯时李明也顺势放下了杯子……
>
> 就这样，李明惊喜地发现客户的态度转变了，脸上有了笑容，声音语调也有了起伏，交流顺畅多了。

为什么李明在短时间内能够让客户的态度发生转变？原因正是李明通过模仿客户的站姿、手势、喝水等动作，无形间营造了一种和客户同步合拍的默契，而客户也接收到了这种信号，给出了积极的反馈。

其实，这也涉及另外一个很有意思的心理学效应，即“镜子效应”。镜子效应是指当你照镜子时，镜子里的人会根据你的喜怒哀乐而变化。引申到人际交往中，别人对你的方式取决人你对别人的方式，当你对别人释放友好的信号时，别人也会同样以友好的态度进行反馈。

模仿对方的动作，
会建立同步合拍的默契。

在电视剧《读心神探》中，“镜子效应”被定义为互相喜欢或是亲近的两个人会产生类似的行为。所以，在你尝试开口说服别人之前，你可以先用肢体动作来建立对应同步合拍的默契，向对方传递我很喜欢你的态度。

一旦你使用肢体动作建立起同步合拍的默契，你会发现很快就能获得他们对你的认同。虽然利用肢体动作去模仿对方看起来很简单，但仍然有很多需要注意的细节。

模仿时的5点注意事项。

（1）间隔 2 ～ 3 秒再模仿更显自然

不要急切地模仿。有的人在模仿别人时常常是对方刚做出一个动作自己立即跟着模仿。其实，这种行为不仅会显现出一种急促感，还会让对方觉得莫名其妙。因此，适宜的模仿时间是当对方做出某个动作间隔 2 ～ 3 秒再去模仿，这样更显自然。

（2）不要模仿对方负面的肢体动作

当对方做出比较激烈或负面的动作时，千万不要模仿，以免引起误会，让对方误以为你有“攻击”他的意味。例如，对方在看见你时高傲地倚靠在椅子背上，跷着二郎腿，这就是一个消极的动作。这时你不要模仿，以免加强两个人之间的冲突。

（3）如果对方的动作比较夸张，模仿时要减小幅度

模仿对方的动作时，如果对方的动作比较夸张，你要适度地减小幅度。例如，对方因为高兴做出大笑、捂肚子的动作，此时你也可以大笑或爽朗地笑，但不要跟着做出捂肚子的动作，否则会显得有些刻意和奇怪。

（4）降低模仿的频率

凡事过犹不及。不要模仿对方的一举一动，否则会让对方觉得你很莫名其妙，同时也会让自己的形象大打折扣。所以，你在模仿时要降低频率，去模仿一些特别的、很自然的动作。例如，模仿对方喝水、看手表就很自然，但不要处处模仿。

（5）注意营造不经意间模仿的氛围

模仿这件事情很微妙，你既要让对方注意到，又不能让对方太注意你的动作。换句话说，如果你的模仿过于刻意、被对方强烈地感觉到，那么这个模仿就是失败的，既不能愉悦到对方，也不能让对方感受到你的诚意，甚至会让对方觉得你莫名其妙。

具体来说，你在模仿的时候可以增加一些个人的小特色。例如，模仿对方喝水的动作时，你在拿起水杯之前可以做一些简单的、随性的小动作，如微微将身子前倾等。

另外，利用肢体动作建立默契也不是万能的，这里我更强调的是在与人交流时树立“利用肢体动作建立同步合拍氛围”的意识。

06 洗耳恭听的态度让人心生欢喜

如果你和对方沟通，面前有两个人。

A：漫不经心，甚至神情还透露出不耐烦。

B：表现得真诚、友好、耐心积极，一副打算好好听你说话的认真模样。

即便还没开口，相信你也会被 B 的态度打动，同时也会被 A 的反应弄得很恼火。

从心理学的角度说，人们都有被重视、被倾慕的内心需求。如果对方能够对你展现出恭敬的态度，那你的内心就很容易靠近对方，对对方产生好感。同时，在沟通学中，人们也喜欢别人能够认真地听自己说话，渴望自己被真诚、友好地对待，满足这些条件的交流对象，都能让人心生欢喜。

其实，这也是很正常的心理反应。我们在与对方交往时，往往会通过对方对自己的态度来判定对方的可信度，同时对方倾听时的反应也会影响自己的心情。换句话说，如果对方态度敷衍随意，你也很难对他产生信任。相反，当对方以洗耳恭听的姿态与你相处，积极聆听你接下来的交流时，你会深切地感受到对方的真诚和尊重。即便是一个爱挑剔、善于批评的人，也会在一个恭敬、诚恳听他说话的倾听者面前收起不耐烦，被对方真诚的态度所打动。

同样，当你以一颗恭敬、诚恳的心去倾听对方说话时，你也能获得对方的好感，赢得对方的尊重。当对方在内心对你产生好感时，你就赢得了机会。

王明所在的销售公司接到一个对其公司的产品质量严重不满的客户的投诉，公司派王明去解决问题。

客户对王明的到来抱着敌对的态度，没好气地说："这事情没得商量，你们派谁来都没用。"

王明并没有一上来就跟客户解释其中的缘由，而是真诚地询问客户："张先生，您能告诉我这前后发生了什么事吗？"

见王明态度诚恳，客户一边压住心中的愤懑一边说出了自己的想法："是这样的……"在客户诉说的过程中，王明安静地、真诚地倾听，整个身体微微前倾，眼神专注而柔和地看着对方。

渐渐地，客户的态度也变得和善了，王明抓住机会跟客户提出解决方案，客户也愉快地接受了。

洗耳恭听的态度让人心生欢喜。

我们分析一下王明是怎么应对这位满腹不满的客户的，他做到了两点：

一是态度诚恳，没有立即为公司辩驳，反而主动询问客户的想法；

二是安静地、真诚地倾听，整个身体微微前倾，眼神专注且柔和地看着对方。

王明通过以上两点展现了洗耳恭听的姿态，并树立了一个令人信服的形象，最终赢得了客户的心，成功地解决了问题。

洗耳恭听的态度十分重要，它能快速地帮你获得好感。具体来说，要做到以下两点。

（1）表情认真、眼神专注地看着对方

试问，如果一个人对你即将表达的内容保持洗耳恭听的姿态，你是不是很容易就对其有好感，更容易产生表达的欲望呢？答案当然是肯定的。你想别人能认真地听自己把话说完，其实对方对你也有同样的期待。所以，在对方表达时，表情认真、眼神专注地看着对方，十分重要。

具体来说，你在专注地看着对方的时候，眼神要充满神采和期待，让你的眼神传达出“我觉得你说得很好，我非常愿意听你继续说下去”的感觉，从内心深处表现出你的恭敬。

（2）建立恭敬的倾听姿态，表现出你的恭敬

洗耳恭听的态度除了表现在表情认真、眼神专注地看着对方外，还体现在一种恭敬感上。具体来说，你在倾听对方的表达时，不要瘫坐在椅子上或闲散地坐在椅子上，而要身体前倾，让对方产生“他 / 她对我很关注，看起来也很信服我、尊敬我”的感觉，

这样效果会倍增。

言语上的恭敬，
也能让人产生欢喜。

除此之外，恭敬还表现在多认同和肯定对方的表达上，例如“对，你说得没错”“你刚才说的 ××，真的太好了”“这些观点真的很独特，给了我很多新的思考，这是我过去没有听到过的”“我今天真的是受益匪浅，您说的很多知识都让我耳目一新……”等，这些表达既能体现你的恭敬，又能增强对方对你的好感。

总之，在人与人的交往中，“好好听话”和“好好说话”同样重要，如果你更愿意做一个“好好听话”的人，那么你在对方心目中的形象会更好，会更容易赢得对方的好感，从而无形间使对方更信服你。

本章总结

1. 良好的形象能在一定程度上增强一个人的说服力。

2. 要想营造舒服的沟通氛围，请保持“尽量让对方正确”的心理。

3. 如果总是压制、强迫对方服从自己，不久后对方就会对你产生敌对情绪，从而不再信任你。

4. 热情非常重要，但过度热情也是危险的。

5. 互相喜欢或是亲近的两个人会产生类似的行为；模仿对方的动作，可以建立同步合拍的默契。

第四章

CHAPTER 4

先听后说：听明白才能说清楚

先听后说是一种重要的能力。当你放下偏见，认真倾听和提问，抓住对方话语中的“关键词”并洞悉对方言语之外的真正心声时，你能听到更多重要的信息。

01 放下自我，无偏见地倾听对方

每个人都有自己的价值系统，拥有自我意识和自我判断，这是慢慢形成的，很难改变。自我意识和长久以来形成的价值观，使我们在看待、评价一个人时很容易以自我主观感受判定对方的言行。尤其是当对方的言行与我们的价值观相悖时，我们往往就会带着偏见去倾听，一切以自我感受为主，即便这不是事实的真相。

例如，你的同事曾经有过给老板打小报告的经历，自此只要老板知道一些情况，你可能都会认为是这位同事又向老板打小报告了。无论你的同事怎么解释，你都只相信自己的“判断”。

再例如，你的下属曾经因为一次睡懒觉而上班迟到，自此无论这位下属因为什么原因迟到你可能都认为他是睡过了头，无论你的下属怎么解释，你都只相信自己所“认为”的。

如果你带着偏见去倾听对方，就很难听到真相，即便你听到了真相，你也无法相信对方的话语，这是沟通中的大忌。

要想做到放下自我，无偏见地倾听对方，就需要做好以下 4 件事情。

（1）真心关心别人，关注对方内心的感受和想法

当你在倾听对方说话时，如果你的内心抱着关心对方、关注对方内心世界的态度，那你就做到了放下自我，认真地去了解对方。相反，如果你抱着窥探对方的心事、打听别人隐私的想法，就还是以自我感受为主，也难以做到无偏见。

因此，你要正向、积极地去关注你的倾听对象的内心世界，更多地了解事实，这样你才能听到更多的真相，也更能听明白。

（2）不预设立场，记住自己是一个倾听者而不是一个评判者

不少人在倾听对方时总是预设立场，一般表现在两个方面：

一是在对方表达之前就已经对对方有了“成见”，甚至带着一种“无论你说什么我都不会信你”的想法；

二是根据外界对对方的评价或是其职业、穿着、社会地位等而区别倾听，并预设立场。

记住，你在倾听对方之前不要凭着自己的主观判断去揣测对方。你要时刻记住你只是一个倾听者，而不是一个评判者。不要随便地预设立场，这是一种很不友好的行为。

（3）从固有的框架中跳脱出来，从公平客观的角度去了解对方

很多人在倾听对方说话之前常常会先入为主地给对方定一个形象，一旦带着自己“认定”的形象去了解对方，你就很难做到公平客观了。

> 曾经有人做过一个实验。实验的设计者请了4位专业的摄影师给同一个人拍肖像照。在拍摄之前，工作人员先向这些摄影师描述了这个拍摄对象的身份：白手起家的百万富翁、教授、救生员、船长。
>
> 每个摄影师领取一个身份拍摄。最后，拍摄出来的肖像照被挂在一起，人们惊讶地发现每一张照片都生动传神地表现了肖像照主人的身份。
>
> A是很大的一张面部特写照。眼神犀利，微微翘起的嘴角，显得如此志得意满，他是百万富翁。

> B是一张正脸照。端正地坐在椅子上，鼻梁上驾着一副眼镜，目光温和，看上去非常和蔼可亲，他是教授。
>
> C是一张灿烂的笑脸照。看上去敦厚、善良，给人温暖和安全感，他是救生员。
>
> D照片中是一张表情平静、眼神沉静的面孔，头高傲地仰着，给人一种很威严、不可侵犯的感觉，他是船长。
>
> 其实这4个身份，都不是被拍摄者的真实身份。尽管被拍摄者没进行任何表演，可摄影师们居然拍出了4张迥然不同的脸。

由此得出的心理学知识是，当一个人被“认定”为某种身份时，最终我们所看到的就是我们想象中的样子。也就是说，我们如果认为××是什么样子的，最终××在我们心中就是那个样子的。如果你对对方心存偏见，那你所看到的对方就是你偏见中的那个样子。

因此，当你与一个人对话时一定不能心存偏见，要从固有的认知框架中跳出来，以一个公平客观的视角去了解对方，这样你才能听到更多真实的内容，获取更多的信息。

（4）不以自己的道德标准和价值体系去衡量对方的行为

很多人习惯用自己的道德标准和价值体系去判定对方的行为，如果对方的行为与自己的道德标准和价值体系相悖，那么就认定对方是不道德的或是有问题的。

例如，对方跟你说“我好喜欢××明星”，但你对这位明星并没多少关注，所以说“我对她不太了解，说不上喜欢”，此时对方内心愤懑，毫不客气地反驳你：“你为什么不喜欢××？你看她长得多漂亮啊，五官超精致，人气超高。你不喜欢她是不是因为嫉妒啊？

我觉得不喜欢 ×× 的人都是羡慕、嫉妒。”

以自己的价值体系去衡量对方的言行，
是非常狭隘的。

从这段对话中不难看出，反驳者明显地是以自己的道德标准和价值体系去衡量他人的行为，这也是偏见的一种，即认为不符合自己想象的人或事都是不合理的或不对的。这种想法以自我感受为主，是十分狭隘的。

总之，你越是能在倾听中放下自我和偏见，你就越能听到更多真实的内容，更接近事情的真相，也就越容易获得对方对你的信任和认可，对话中双方也更能达成默契，实现有效对话。这是倾听时很重要的一点。

02 想要听到，先问一个好问题

通过观察我们不难发现，现实中总有这样的人，他们总是受到人群的欢迎，随时都能让话题热起来，听到一些其他人听不到的重要内容。这些人有一个共同的特点，就是会提问。

可能有人会提出质疑，提问不是人人都会的吗？提问确实是人人都会的，但能够问出想听的内容，绝对不是人人都会的。如果你想听到一个更好、更深、更真实的信息，那么你一定要先问出一个好问题。

提问的水平越高、层次越深、立意越高、目的越明确，越能够得到一个真实的、好的回答，你也越容易听到你想听的内容。

著名主持人柴静曾经对周星驰进行过一个比较深入的采访。在这段采访中，平时不愿意吐露真实情感的周星驰说了很多内心的真实感受，这在很大程度上应该归功于柴静的1分钟掌控表达，问出了一个好问题。

> 当周星驰谈及在自己的电影中“抄袭”自己的台词时，柴静问：“为什么要用多年前的这几句话？”
>
> 周星驰回答：“可能我对这几句话有情结。”
>
> 柴静接着又问道：“我可不可以理解为‘就是一个不由分说的想法，我就想在这个时候说出我人生中想说的这句话’？”
>
> 周星驰回答：“对（些许惊诧），你有这个感觉吗？”
>
> 此时，柴静认真地点头，回道：“对。”冷静柔和的目光像是理解了周星驰隐秘的心事，声线也带着不易察觉的抖动。
>
> 周星驰平静如水的眼神中有了松动，笑容有些苦涩又很动容，呐呐出声：“谢谢，谢谢你啊。”

为什么周星驰愿意跟柴静吐露心声？因为柴静问出了一个好问题。首先，柴静的提问不带有攻击性，而是真诚发问，问题中有自己的思考，带有一定的理解性。其次，柴静的提问立意很高，能站在对方的立场上提问，让对方感受到自己的真实情感，进而打动对方。

要想得到你想要的答案，就要问出一个好的问题，把你想知道的信息包含在你的问题中，让别人顺着你“设计好的路径”说出你想知道的答案。这是一种重要的提问能力。

为此，你需要思考以下几个问题：

我为什么要提问？

我想获知哪些信息？

我如何提问才能让对方回答？

我希望能收到我要对方解答的问题的哪些信息？

我如果按照 ×× 方式提问，对方的回答是我期待的吗？

如果这不是我期待的答案，我要如何更好地发问？

…………

提问前要思考的问题。

只有当你想清楚自己想得到对方什么样的回答时，你才能更好地问出一个问题，而这样的问题才能称之为一个好问题。具体来说，在 1 分钟掌控表达中，我们如何才能问出一个好问题呢?

（1）先了解对方再提问

一个好问题一定不是盲目提出来的，而是要多观察，勤思考，尽可能多层次地了解对方，了解对方的性格、爱好、审美、价值观等，并观察对方的神情，了解对方当时的心情和状态。

在提问的时候，要让你的问题包含理解力，带着真诚，而不是质问或过于直接。例如，通过观察，你发现对方情绪失落，你很想知道发生了什么事情，此时好的提问是："你看起来好像有点儿累，是不是最近工作压力比较大啊？""你是不是有什么心事，你看上去有点儿累？"而不是："你又怎么啦？""你怎么又不开心啊？"这种提问方式带有一定的不耐烦情绪，容易引起对方的逆反心理，进而拒绝回答。

（2）问题要具体、精准且有方向

有的人在提问时范围过大，常使对方不知道你发问的具体目的是什么，回答时无着力点。因此，要想听到想要听的内容，你就要让问题具体、精准而且有方向。

例如，你现在想要换一份工作，但是你不知道这个决定是不是对的，于是你很想知道他人的看法，此时有两种提问方法。

问题越具体，得到的信息越多。

> A：“我要不要换工作？”

对方可能会回答：“这个还得看你自己，因为只有你知道其中的事实，你自己的感触是最深的。”最后你发现问了也相当于没有问，因为你没能从中了解你想要的信息。

> B：“我在这个公司干了 3 年了，如果我现在想要换工作，有哪些需要考虑的？”

这时对方会给你一些建议，如“你想要换什么样的工作？你未来的职业规划是什么样的？从我的角度看，我建议你先……”。

当你提问明确且具体时，对方就会根据你的提问给你一些方案和建议，你也能收集到有用的信息。在某种程度上说，你提问的水平决定了对方回答的水平。

（3）提问要便于对方回答

有时候你之所以难以听到你想听到的，原因在于你的提问对方不便于回答。例如，员工在工作上遇到难关向领导请示，此时有两种问法：

> A：“我们在项目上遇到一个障碍，现在不知道怎么解决，能请领导指示一下我们吗？”
>
> B：“我们遇到了一个问题，现在想出了这几种方案，您看一下哪个最好？”

A、B 对比来看，B 问法更便于对方回答。当项目遇到障碍的时候，因为没有掌握项目中的全部信息，领导并不能快速地从障碍中厘清问题，也不能迅速给出答案。B 问法更直接、具体，领导能够很快地从给出的方案中做出判断，给出一个相对来说及时且有用的回答。

因此，如果没有听到自己想要的答案，不要抱怨对方对你有所隐瞒或缺少诚意，而是要从自身找问题。

03 让对方一直保持说的热情

如果你想听到更多的内容且听得全面，你就要让对方一直保持说的热情。如果想让对方一直保持说的热情，你就要对对方所说的话题表现出兴趣并适当追问，让对方有源源不断的诉说热情。

> 王新和李晨刚好乘坐同一班电梯，同乘的还有其他几位同事，其中有一位同事说："你们听说了吗？下个星期集团的大领导要来我们公司视察。"
>
> 此时，李晨发现王新一脸好奇、饶有兴致地看着这位同事，问道："真的吗？什么大领导啊？"
>
> 那位同事看王新如此感兴趣，更有兴致了："好像是咱们集团的董事长。"
>
> "真的吗？我来公司都快大半年了还没见过董事长呢！你们都见过吗？"王新说这话时看了看其他同事。
>
> 听到王新这么问，大家也都加入话题。
>
> "我见过几次，那一次去集团开会我看见了董事长，董事长还挺和善的……"其他同事也加入这个话题，补充新的内容。

案例中的王新为什么能让同事一直保持说的热情？从表情上来分析，王新饶有兴致地看着同事，激发了同事继续进行下去的兴致；

从语言上分析，王新通过询问“真的吗”打开了同事的话匣子，使其一直围绕话题展开诉说。

其实，对对方的话题保持关注，让对方一直保持说的热情，十分重要。具体来说，要想让对方一直保持说的热情，你要做到以下几点。

（1）保持专注

让对方一直保持说的热情，首先就是保持专注。如果你能在对方说话时保持专注，认真倾听，就能让对方一直保持说的热情。专注具体表现：眼神要看着对方，而不是四处乱看，没有焦点；眼神不是黯淡无光，而是富有神采的；脸上要带着轻松、柔和的微笑，而不是冷冰冰的；身体微微前倾；不做小动作，如抠手、发呆或玩手机等。

保持专注会让对方一直保持说的热情。

值得一提的是，你在听到关键信息时可以稍微睁大眼睛，身体微微上抬或前倾，发出神秘且含有兴趣意味的“还能这样呢”“我很惊讶”的惊叹，刺激对方跟你说起更多的内容。虽然这一行为有点夸张，但切忌浮夸，应保持真诚。

（2）适当追问

要想让对方一直保持说的热情，你可以通过适当的追问向对方展现出你的好奇心和兴趣。例如，对方说完之后，你追问“然后呢”“接下来是怎样的呢”“后来她是什么反应”“您当时一定很生气吧”“这事情也太神奇了吧，您能再仔细讲讲吗？我太感兴趣了”“我的天啊，还能这样啊”等，让对方知道你很关注事件后来的发展和当事人当时的情绪状态等。一旦对方发现你很想听接下来的故事，他会一直保持说的热情。需要注意的是，你在追问的时候语气和表情要真诚，既不要阴阳怪气，也不要过分夸张。

（3）不要发表与之相反的评论

有的人喜欢在别人表达观点时发表自己的看法和观点，如果此时的观点与对方的观点是相悖的，那么对方一直说的热情就会降低。

例如，对方跟你分享了一件不久前发生的事“……当时我就生气了，内心对这种现象更是嗤之以鼻……”，这时你回复说“如果是我，我就不会生气，我觉得做人要大度一点儿”……

试问，如果你是对方，当你听到这样的评论时你还有心情继续说下去吗？恐怕你也会觉得很扫兴，被对方的言论弄得失去兴致吧？

因此，在与别人交流时我们要注意两点。

一是不要毫无顾忌地否定或反驳对方，或者故意发表与对方相反的观点。

发表与之相反的言论，
会降低对方说的热情。

二是当我们听到我们并不是很认同的言论时，可以温和地坚持。

具体来说，首先你要清楚地知道自己内心的观点是什么，不要受到对方过多的干扰，同时也不要强迫对方接受你的想法或观点；其次你可以适度地表达自己的想法。例如，“你刚才说的xx很好，不过在xx上我个人也有一点想法，就是……”“你刚才的xx让我觉得很惊喜，同时我自己对此也很有感触，因为我曾经……（自己的想法和观点）”，说话时语气平和友好，就不会破坏双方的亲和气氛，不会降低对方一直说的热情。

总之，要想让对方一直保持说的热情，就要充分地尊重对方并对对方产生真诚的兴趣和关注，用你的言行、表情告诉对方：我很想听，你能多分享一点儿吗？

04 瞬间抓住对方话语中的关键词

如何做到高效地听别人说话？很关键的一点就是要瞬间抓住对方话语中的关键词，否则任由对方按照他自己的方式表达，不仅听不清楚对方表达的重点，还很容易偏离方向。这种沟通方法也被称为“关键词沟通法”。

关键词沟通法就是通过抓住对话中的关键词，去维持和延续聊天话题，让话题能够围绕中心展开，而不过分外延，同时抑制住对方庞杂的表达欲望，而你也能快速听到你最想听到的内容。在某种程度上，你把握好了对话中的关键词，就等于掌握了整个对话的重点。同时，在回应中阐述一下你对关键词的好奇和想法，不仅能让对方觉得你在认真听他讲话并对他的话题很感兴趣，还会增强对方表达的欲望，让其一直按照你的思路进行表达。

下面是第一组对话。

> A：“我昨天差点儿就被骗了，你知道我有多惨吗？我当时把事情跟我妈妈说了，我妈妈还训我，我真的觉得很委屈。我有时就很不理解，为什么……”
>
> B：“你被骗了？”

从对话看，A在表达的时候B抓住了A话语中的关键词，即“被骗了”，进而提出疑问，引导话题往更深的方向展开。

也就是说，抓住对方话中的关键词并用疑问的语气表达出来，引导对方一步步按照你的提问继续表达，你将引导对方的思绪和整个话题方向，让对方跟着你的提问思考，延伸对话的方向。

抓住关键词提问，
能立即得到你想要的信息。

关注点放在不同的位置，可能会有不同的关键词，你也可以根据你最感兴趣的关键词进行提问。

下面，我们来看第二组对话。

> C：“我昨天被我妈妈训了一顿，心情真差。”
> D：“对啊，跟父母有争执最是伤神了。”（关键词：被训）
> “啊？你是因为什么事情被训了一顿啊？”（关键词：原因）
> “我懂你的这种感受，我和我妈争执之后我也会生闷气，觉得内心好压抑……”（关键词：心情）

从这组案例中，我们可以看出抓住不同的关键词问法是不同的，导向的方向也是不同的。所以，在与别人交流时，你可以选中你感兴趣的关键词展开沟通，这样你就可以收集到你想要的信息了。同时，如果你想要向对方展现你的共鸣，你可以在对方的表达上找到关键词并阐述自己的想法。

我们来看第三组对话。

> E：“我平时很喜欢看巴勃罗·聂鲁达的诗集，最近在看他的《二十首情诗和一首绝望的歌》，里面有一句‘当华美的叶片落尽，生命的脉络才历历在目’，写得真好！”
> F：“你也喜欢聂鲁达啊？我也很喜欢。”（关键词：聂鲁达，共鸣对方喜欢的诗人。）
> “你说到的这句‘当华美的叶片落尽，生命的脉络才历历在目’，我也十分有感触。”（关键词：名句，共鸣对方很在意的诗句。）

当你以共鸣点作为关键词并分享自己对此的感受和心情时，不仅能够拉近彼此的距离，还能增强对方对你的好感。例如，当你抓住“聂鲁达”的关键词时，你们可以交流彼此是因为什么机缘读到了聂鲁达的作品；如果你的关键词是放在对方提及的印象深刻的名句上，你们就可以就这个名句展开讨论，表达自己的见解和感悟。瞬间抓住对方话语中的“关键词”，你不仅能收集到你想要的信息，同时还能有效地引导话题方向，让对话不蔓不枝、更好地展开。

既然抓住对方话语中的“关键词”如此重要，那具体要怎么做呢？

（1）从对方的话中挑选关键词

我们已经知道，将关注点放在不同的位置上会得出不同的关键词。因此，你在倾听时可迅速根据自己的判断挑选关键词，以引导话题的方向，也能更快地听到你想听的内容。从某种程度上来说，抓关键词就像是放风筝，关键词就像是风筝线，只有抓好风筝线风筝才不会漫天乱飞。

挑选关键词的标准有两点。

一是迎合对方的心情，从对方的表达中了解对方此刻的情绪和在意点，从中找出关键词并进行提问。这一行为，一方面释放了对方的倾诉欲望，另一方面也能帮助你赢得对方的好感。一般来说，当人们说到关键内容时，情绪会比较激动，声音也会有所起伏，甚至会做出一些肢体动作来辅助自己的情绪表达。

二是迎合自己的心情，即抓住你想要了解的对方话语中的关键词，并以此作为提问点获取更多的信息。需要注意的是，即便是抓住你想要了解的关键词，你同样要关注对方的情绪和反应。

（2）关键词+“想法、见解、感受”

不少人在与对方交流时不发表自己的感受或见解，只是单纯地“嗯”“啊”“这样啊”，这种反应只会让对方失去兴趣。其实，给出你的反应也是非常重要的。

因此，当你抓住对方的关键词后，不要只提问关键词，可以使用关键词 +“想法、见解、感受”的模式，即根据这个关键词与对方展开交流和讨论，并适度表达自己的想法、见解、感受等，让对方知道你很关注他的表达和感受，对他的遭遇感同身受，这不仅有利于加深彼此的感情，还能引发对方表达更多的内容。

（3）不断提取新的关键词

一般情况下，双方在交流中不会只停留在一个关键词上。所以，为了使对话延伸，你需要从对方的回答中不断提取新的关键词，从而引导对话持续进行。

当你抓住对方话语中的关键词之后，需要注意以下几点。

首先，不需要立即将对话变成自己的“场地”，长篇大论地表达自己的想法。否则会让对方有种“喧宾夺主”的不快，而这种不快会影响对方的情绪。

其次，你要和对方保持在同一频道上，以感同身受，迅速进入情境，而不是随便听听，然后找到自认为的关键词胡乱拆散话题。

最后，抓住你想要了解的关键词，并不意味着以自我的感受为主导，你还要积极地弄清楚说话人的论点，明白他的情绪在哪里，他到底想要表达什么内容。这也是很关键的一点。

总之，瞬间抓住对方话语中的关键词需要你先用心听，听得清楚才能知道对方的情绪和敏感点，同时抓住对方的敏感点，进入对方的频道，展开友好的交流。

05　从言语之外洞悉对方的心声

“言有尽而意无穷”这句话告诉我们要学会从言语之外洞悉对方的心声。从某种程度上说，大部分关键信息恰恰是从对方言语之外才能捕捉到的。

如果你在对话时听话只听表面意思，那你可能永远也无法领会对方表达的真正含义，自然也就无法进入对方的频道，打动对方的心。相反，如果你能从对方表达的言语之外考察，洞悉对方真正的心声，听出对方的真实意图，进而说出对方爱听的话，做对方希望你做的事，你们之间就会形成一种强大的默契。

每个人的表达都存在或深或浅的意图和动机，从某种程度上说，没有一句话是废话，因为每句话都受到一定的动机驱动。

例如，A 曾经借给了 B 5000 元钱，B 逾期未还，A 与 B 聊天时频频提到“我最近的资金压力大，处处需要用钱，最近家里添置一些物品，我还不知道从哪里弄出这笔钱呢”……

如果 B 此时想起自己向 A 借了 5000 元，就能意识到 A 话外的意思是希望自己还钱。

因此，听话听音，知道说话人到底想表达什么才是最关键的。

从言语之外洞悉对方的心声，有助于你瞬间领会对方真正想传递的意思，达成心灵的默契。要想从言语之外洞悉对方的心声，你一定要认真倾听。只有你认真关注对方说话时的言行举止，你才能收集到更多的信息。认真倾听不只是要倾听对方表达出来的那部分内容，还要倾听对方尚未表达出的部分，而尚未表达出的部分，要结合对方的表情、声调、语气、微表情、肢体动作、情绪等来考量，不遗漏言语之外的重要信息。

具体来说，从言语之外洞悉对方的心声，要重点关注以下4点。

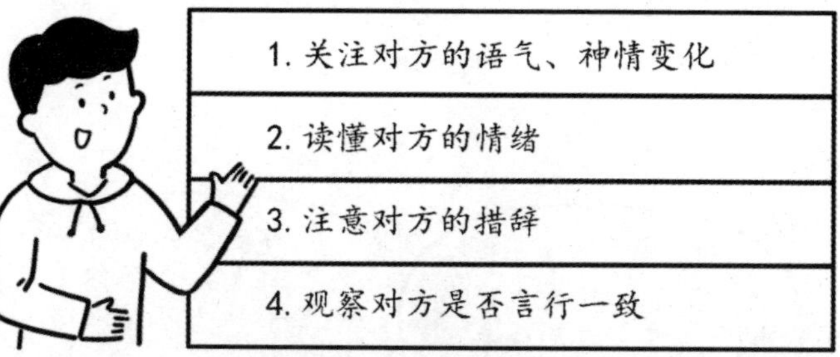

从言语之外洞悉对方的心声。

（1）关注对方的语气、神情变化

虽然很多人言不由衷，嘴里说出来的不是心里真正所想的，但即便如此，说话人真实的心理动态还是会从表情、声音、肢体动作上透露出来。例如，对方跟你说“我没事，很好啊”时，表情很微妙且勉强，眼神躲避，声音有气无力，状态低沉，这一切表现都显示出“他其实并不好”。

因此，从言语之外洞悉对方的心声，需要关注对方的语气、神情变化。

（2）读懂对方的情绪

从言语之外洞悉对方的心声，需要读懂对方的情绪。

> 女生问男生："咱们什么时候结婚啊？"
>
> 男生说："再等两年吧，等我们的经济条件再好一点儿，我风风光光地把你迎娶进门。"
>
> 女生情绪变得低沉，思忖片刻，说道："两年时间谁也说不准，指不定就发生很多事情，万一我们分手了呢？"
>
> 男生："你怎么会这样想呢？我是打算跟你走一辈子的，不在乎这两年啊。"

注意对方的情绪，
洞悉对方言语之外的心声。

从这段对话看，女生是想跟男生分手吗？当然不是，女生的心声是希望两个人尽早结婚。但是，男生并没有洞悉女生的心声，没有关注到女生说话时的低落情绪，只是将关注点停留在字面意思上。

因此，你与对方交流时，要关注对方的情绪点在什么地方，对方真正想表达的内容是什么，对方在意什么，对方在为什么苦恼。在此基础上，你再进一步思考对方说这些话的背后动机和真实意图，综合考量，得出对方言语之外的真正的重要内容。

（3）注意对方的措辞

当人们言不由衷时，他们会下意识地注意自己的措辞，以掩饰自己真实的内心感受。一般情况下，人们越是修饰自己的语言，越是表明自己言不由衷。

所以，如果你发现对方不使用平时常用的词语而选用较难的词语时，或反复斟酌自己的表达时，你就要好好观察了，因为对方此时很有可能在掩饰自己的内心，他在用这些“额外的”表达来掩盖内心的真实想法。

（4）观察对方是否言行一致

心理学家指出，当人们撒谎的时候，下半身的肢体动作会大量增加，所以只要观察者能够看到撒谎者的肢体动作，就能大大提高识破谎言的成功率。很多时候，人在言不由衷时往往言行不一致，表情不自然。

例如，有的人虽然嘴上说着“我来买单”，但是从口袋里拿出钱包的动作却十分缓慢、不自然，这一行为显示他不想买单。还有情侣吵架时，女生哭着对男生说“你别拉着我，放手”，虽然女生嘴上让男生放手，但是却不停地流眼泪，也并没有用很大的力气挣脱男生，脚尖依旧是朝向男生的方向，这种言行不一致的行为，也显示出女生的心声是希望男生好好地哄她。

总之，从言语之外洞悉对方的心声，有利于让你收集到真正有效的信息，也为你的高效说服奠定了基础。要想从言语外洞悉对方的心声，需要你保持倾听，倾听对方的话语、语调、表情、情绪等，综合分析，得出答案。

06 适时切入正题，掌控对话的主动权

在对话的初始阶段，很多人觉得一上来就诉说自己的目的显得有些功利，于是就以闲聊打开话题。虽然这种方式让交谈氛围更轻松融洽，但是如果掌握不好度，不及时切入主题，并将对话的主动权掌握在自己手中，就会极大地降低沟通效率，甚至你花费了很长时间仍然一无所获。

> 一次，王明去拜访一位大客户，为了让气氛更融洽，王明决定通过闲聊来打开对话。
>
> 王明发现客户的办公室装饰奢华大气，墙上挂着大家名作，于是王明就询问这位大客户墙上的名画，客户也很乐意跟王明分享这一段故事。
>
> 说完了名画，客户又说到了他的奋斗背景，以及他在名校读研的事情等。中途，王明有几次想把话题切入正题，但想到此举会打扰客户的说话兴致，于是继续耐心倾听。就这样说了差不多半个小时，直到客户的秘书通知他说：“张总，您的会议时间到了。”
>
> 王明最终无功而返。

从案例看，王明此次的对话是没有效果的，虽然他花了半个小时左右的时间倾听客户介绍自己的经历，做到了让对方对其敞开心

扉，但是他却没能将对话引入销售主题，这对于销售员来说，无疑是一件非常可惜和遗憾的事情。

其实，王明的案例也展示出对话时的一个误区。虽然说一些活跃气氛的话题十分重要，但是说话人主次分明，适时地切入正题，掌握对话的主动权更加重要。

一般来说，对话没有切入主题，基本上有以下两种情况。

一是偷换论题。例如，你打算和对方谈论婆媳话题，却聊到了孩子养育的问题，这就是偷换论题。当论题被偷换后还在继续讨论时，就会顺着这个话题引入其他话题。

二是偷换论域。例如，你本打算和对方讨论经济领域的问题，却聊到了文化领域。

无论以上哪一种，都不利于展开有效对话。当你作为说服者时，要记得时刻紧扣主题，在有效的时间内展开说服，不过分延伸旁支话题，围绕说服中心展开。

具体来说，你需要掌握以下两个技巧。

（1）牢记自己的正题，在一个合适的时间点切入

不可否认的是，即便说话人明确了自己的正题，在和对方交谈的过程中也容易受到对方的影响，会被对方的思路带偏。

例如，一位母亲想说服孩子继续深造，但孩子却想提前参加工作，这位母亲原来的对话正题是说服孩子继续读书，但是，在说服的过程中，母亲和孩子之间对话的正题却变成了她对孩子的付出，如“你知道我为了你都付出什么了吗”“当初要不是为了你，我……”等，导致对话逐渐偏离正题。

因此，掌控对话主题的第一步就是要明确对话的正题，并始终记住正题，不受他人干扰，也不受自己的干扰，理顺自己说服的步骤和逻辑，列好自己的对话提纲。

（2）掌握拉回话题的技巧

我们在与对方交流的过程中，常会遇到对方偏离主题的情况。当意识到对方不断偏离主题时，你若是直接地把话题拉回来，就会引起对方的负面情绪和抗拒，因此需要注意技巧。

当对方说完之后，你可以精简地回答或总结对方的话语，然后貌似无意地转移到对话主题上。一般情况下，当你的回答足够真诚且用心时，你转移话题的行为是不会激起对方的负面心理的，同时你也能达到你的目标，掌握对话的主动权。

这一点跟“30 秒搭桥技术”很像。“搭桥”是指当对话跑题之后，以一种方式将对话重新引回主题。尤其是当对方说出与对话主题相反方向的话时，你反而可以因势利导，借助对方的话来引导话题，最终得出有利于自己说服的结论。一般来说，使用“30 秒搭桥技术”可以分以下 3 步。

30 秒搭桥技术

第一步：前 10 秒回答对方的问题，即便对方的问题跟你的主题没有关系。

第二步：中间的 5 秒用来“搭桥”。

第三步：剩下的 15 秒用来传达你想要表达的信息。

需要强调的是，即便你不同意对方的观点，也不要让对方感觉受到了挑战。

我介绍一个很好用的心理学小妙招。如果有一个人一直说个不停，你插不上话，此时你可以掉个东西在地上，如钥匙、笔等，然后你弯下腰去捡。在捡东西的过程中，你开始说话，说回自己的正题。你会惊奇地发现，你已经神不知鬼不觉地打断了对话，并且掌握了对话的主动权，切入了正题，却不被对方察觉。

总之，当你想适时切入正题，掌握谈话的主动权时，你要记住不能强硬地拉回话题，以免激起对方的抗拒，而是使用有技巧性的办法及时转入正题，快速引导对方进入你的沟通频道。

本章总结

1. 不要预设立场，记住自己是一个倾听者而不是一个评判者。

2. 提问的水平越高、层次越深、立意越高、目的越明确，越能够得到一个真实的、你想要的好的回答。

3. 要想让对方一直保持说的热情，你就要保持专注，适当追问，不刻意发表与之相反的言论。

4. 每个人的表达都存在或深或浅的意图和动机。

第五章
CHAPTER 5

搭建框架：建立有效的说服逻辑

要想建立有效的说服逻辑，就要做到先说结论，结论后面至少要有 3 个意义相关的理由，同时尽量把话说得简单。

01 先说结论，开口就点题

不少人在说话时总是习惯于让别人思考，也就是说，对方得反复思考你说的话，才能知道你要表达什么。这样就不能很快地把话说清楚，或是看起来很努力说话但仍然不能将意思完全准确表达出来。

要想建立有效的说服逻辑，在短暂的时间里将话说明白，我们可以先说结论，把结论放在最开始，开口就点题。

例如，在会议中，领导问："你们觉得哪个方案更好？"

> A："第一个方案是这样的情况……第二个方案是这样的情况……所以我觉得两个方案各有优点……"
>
> B："我认为现阶段应该优先采取第一个方案，有以下3个原因：一是……二是……三是……"

明显B的回答更能有效传达自己的观点。这种表达方式就是我们所说的"先说结论，开口就点题"。

再举个例子。

> A："李副总周二来不了，王姐周四请假去医院，张老师和秘书周三要出差，周五上午才能回来，而周五下午的会议室已经被别人预订了（理由），所以我们只能在下周一上午开会（结论）。"
>
> B："我建议下周一上午召开会议（结论），因为李副总周二来不了，王姐周四请假去医院，张老师和秘书周三要出差，周五上午才能回来，而且周五下午的会议室已经被别人预订了（理由）。"

先说结论，开头就点题，
容易让人瞬间领会你想要表达的重点。

这是工作中常见的场景。如果你是领导，你更愿意听谁的报告呢？当然是B。

B一开始就说了自己的结论，即“下周一上午开会”，让领导在一开始就听清楚了其所表达的中心思想。接着，B又进一步解释了选择在下周一上午开会的原因，让领导能在“结论”的引领下领会进一步的关键信息。反观A的表达，先说原因后说结论，很难让领导一瞬间就抓住其所要表达的主旨，领导要花费很长时间去想A究竟要表达什么，同时在听的过程中思路容易混乱。

这就是“结论先行，开口就点题”的好处，既条理清晰，又能瞬间令对方接收到有效信息。当你先说明结论时，对方因为提前了解了这个结论，就会自动地把你接下来表达的信息归纳起来，寻找联系。相反，你先表达各种理由或论据，就会让对方很迷惑，此时对方会把心思和脑力用在理解你到底想表达什么上面，这种经过“思考加工”才能得出来信息的交流方式很容易让人疲倦且厌烦。

虽然使用“先说结论，开口就点题”的技巧能够使我们的说服框架比较清晰，但仍要注意以下两点。

（1）内容复杂时，先归类总结再说出结论

当你想要传达的内容多且杂时，你首先要做好归类总结，然后再说出结论，结论之后再表达更多的内容。这种表达方式能更简洁明了地传递你想要表达的信息。

> 例如，你打算去购物，问你的妻子有没有想要吃的东西，你的妻子跟你说：“家里牛奶快喝完了，买点牛奶吧。不，还

> “是买酸奶好了，换换口味。我刚好现在想吃橘子，你可以买点儿橘子回来。对了，家里的西红柿也快没了，你再买点儿西红柿吧。你再买点儿鸡蛋、洋葱、五花肉酱、西蓝花，这些我都需要。佳佳昨天嚷嚷着要吃香蕉，你也顺便买点儿香蕉、葡萄吧。还有啊，爸爸前几天想吃牛肉，你买点儿牛腩回来吧，五花肉也是可以的。目前就这些吧……”

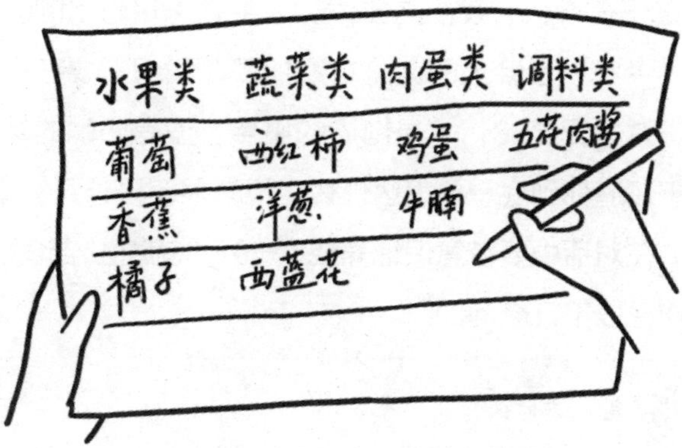

归纳总结式表达，更能有效传达。

你听完这些，等到了超市，能记住的可能只有三四样，肯定无法记起全部。

相反，如果换种表达方式，即先归纳总结再说结论：“水果类，买葡萄、香蕉、橘子；蔬菜类，买西红柿、洋葱、西蓝花；肉蛋类，买牛腩和鸡蛋；调料类，买五花肉酱。”这样对方只要按照各个类别记忆即可，显然容易多了。

（2）不要把罗列出来的事实当成结论

无论是在工作中还是在日常生活中，先说结论的表达方式都是十分受欢迎的，也很有效率，这样能够让对方瞬间就知道你在表达什么。当然，得出结论也需要技巧。

很多人会把如“销售额正在增长”“今年展示会上的浏览量增加了”等表达当成结论，但是当你把这些信息传达给对方时，这些也只能变成被罗列出的事实，最终还是会变成“没有结论的信息”。

“销量正在增长，我们需要添加人手，满足超出的那一部分客户……”“今年展示会上的浏览量添加了，我们需要在宣传上增加投入……”这才是结论，才是沟通的重点。没有明确的结论，对话时对方就不知道你到底想要表达什么，也就很容易感到疲倦。

因此，在对话中要有意识地养成“一开始就说出结论”的习惯，你可以问自己以下几个问题：

> “我想表达什么？”
> “我想让对方明白什么？重点是什么？”
> “应该传达的事情的结论是什么？”
> “希望听的人接收的信息是什么？”

总之，“先说结论，开口就点题”是建立有效说服逻辑的第一步，也是最重要的一步。

02　一个结论至少要有3个理由

为什么很多人无法说服别人？原因在于他在说服别人时结论后

面往往只跟着一个理由，不具有十足的说服力。那些成功说服他人的人，结论后面往往都跟着好几个理由。从某种程度上来说，你给出的理由越多，别人就越容易被说服。

> 周六，林杨约李爽一起去一家西餐厅吃饭。
> 李爽纳闷："又不是过节，我们为什么要去西餐厅吃饭呢？"
> 林杨解释道："那家西餐厅是新开的，东西很好吃。"
> 李爽很不情愿："好吃的地方有很多，为什么非要去那家西餐厅呢？我还要换衣服化妆，挺麻烦的，我们在家吃就挺好的。"

从案例看，林杨本想约李爽两个人美美地去西餐厅吃一顿，但很明显林杨并没有说服李爽，原因在于林杨在说服李爽时只说出了一个理由。

> 结论：我们去西餐厅。
> 理由：那家餐厅的东西很好吃。

从表面看，去西餐厅吃饭的原因是那家西餐厅的东西很好吃，虽然具有一定的说服力，但是力度较弱，因为当你说服对方去一家餐厅的原因仅是那家餐厅的东西好吃时，对方会想"别的餐厅的东西也很好吃啊""东西好吃的餐厅不止那一家""不不，我知道有一家餐厅的东西更好吃"……所以，理由太少，说服力太弱，很容易被对方否决。

所以，结论后面只跟着一个理由不足以说服对方。如果你希望说服对方，你就要在结论后面跟上至少 3 个理由。我们再来看一下林杨的案例，使用说服力更强的表达方式该怎么说。

"我们去 ×× 西餐厅吃饭吧！因为那里的牛排很不错，餐厅布满鲜花，还有音乐伴奏，而且看着要下雨了，去那家店很近，我们也不会淋雨。”

从例句看，林杨给出了 3 个理由，即“那里的牛排很不错”“餐厅布满鲜花，还有音乐伴奏”“距离很近”。一个结论后面跟着 3 个理由，说服的力度大大提升。如果林杨能够采取这个说服方式，相信李爽可能就愿意换上衣服跟林杨去吃一顿西餐。

因此，要想建立有效的说服逻辑，你在表达结论之后至少要有 3 个理由。理由越多说服力越强。当然，如果你的理由太多，听起来就会像是借口，对方也会听得不耐烦。理由控制在 3 ~ 5 个比较好。

即便这个方法看起来很简单，我们还是要介绍两个注意事项。

（1）有节奏、有条理地说明理由

有时候即便我们有很多理由，但如果没有条理、没有节奏地一股脑儿说出来，也会让对方产生一种“你说的这些理由确实挺不错的，但是我还是没有充分了解你想表达的真正含义”“虽然你说得很多，但是我还是不知道你在说什么”的感觉，无形间削弱了说服力。

因此，在说服对方时，要有意识地建立有逻辑的表达模式，即“我的结论是……有 3 个原因，第一个是……第二个是……第三个是……”。也可以说，“我有一个 ×× 想法（结论），这样说有 3 个原因：原因一……原因二……原因三……”“我的主张是这样的，理由有 3 个，第一个是……第二个是……第三个是……”。表达有节奏、有条理，更容易说服对方。

一个结论只有一个理由，说服力度弱。

一个结论后面跟着3个理由，
说服力度强。

> 例如，结论：“我喜欢和林菲菲一起工作。”
>
> 理由：“首先，她的性格很好，她包容、善良；其次，她的办事能力强，在我迷茫时经常帮助我；最后，和她在一起会让人觉得工作是一件快乐的事情，因为她很幽默。”

“首先，其次，最后”的表达方式也显得逻辑清晰。相反，如果你采取无逻辑的表达，即便你的理由很多，也很难对对方产生较强的说服力。例如，“我很喜欢和林菲菲一起工作，你知道她有多好吗？我每次有困难她都会给我帮助，而且总是很有耐心。我记得她有一次还解决了公司的危机，得到了领导的表扬，人是真的很好……”表面看起来给出了很多理由，但听的人却没有被说服。

值得一提的是，当你按照“一个结论至少3个理由”的结构将你的观点传达给对方时，你可以一边说一边伸出3个指头，对方会建立倾听的姿态，甚至会在纸上记录“原因一……原因二……原因三……”当对方认真倾听了，被你说服的可能性就会增大。

（2）理由要能吸引、打动对方

当你说出一个结论时，只要认真地思考，你会想出很多理由，但你不必向对方悉数说出，你只要说出最能吸引、打动对方的理由即可。例如，一个小女孩想要养一条小狗，她怎么跟妈妈说才更具有说服力呢？

> A:“妈妈，我想养条小狗（结论）。首先，狗狗太可爱了（原因一），而且它是人类的好朋友（原因二），妈妈求求你了，就让

我养一只狗狗吧。您看狗狗长得多可爱啊，我有好多同学都养了（原因三）。我小时候就想要养一只狗狗了（理由四），您就让我养一只吧，求求您了，我是真的很想要一只狗狗，妈妈您就答应吧……”

B：“妈妈，我想养一条小狗（结论）。我有3个理由：一是狗狗真的很可爱，我真的超级想要养一只；二是我们老师说狗狗是人类的好朋友，养一条小狗可以培养孩子的爱心和责任感；三是我养的狗狗我会自己照顾，我会每天早上定一个早点儿的闹钟，带它去遛弯，每天晚上还会给它洗澡。”

我们首先看A的表达方式，虽然表达了4个理由，但妈妈仍然可能会把女儿的行为当成一种无理取闹的表现，因为女儿话题的中心是围绕“狗狗很可爱”“我同学也养了一只”展开的，这些理由是不足以说服妈妈的。

再看B的表达方式，就很具有说服力，虽然只有3个理由，但是这3个理由是层层递进的，逻辑非常清晰。第一个理由是“狗狗很可爱”，这个理由妈妈是认同的，但是并没有引起足够的心理波澜。

第二个理由是“我们老师说狗狗是人类的好朋友，养一条小狗可以培养孩子的爱心和责任感”。这个理由对于一个妈妈来说确实具有说服力，因为妈妈也会认同养一只小动物能培养孩子的爱心，但妈妈可能又会觉得可以通过其他的途径来培养孩子的爱心。

第三个理由是“我养的狗狗我会自己照顾，我会每天早上定一个早点儿的闹钟，带它去遛弯，每天晚上还会给它洗澡”，这时妈妈能感受到孩子的真心，并且孩子为了能够说服妈妈做出了慎重的保证，及时提出了一些妈妈可能会担心的事情的解决方案，如“带狗狗遛弯”“给狗狗洗澡”。

理由再多，如果不能足够吸引、打动对方，也很难说服对方。

理由多且能吸引、打动对方，具备较强的说服力。

在孩子说完以上 3 个理由之后，妈妈会发现“养一条小狗”这件事变成了一件可以商量的事情，这时就会认真考虑这件事情。也就是说，妈妈已经被女儿打动了，接下来很容易就会被说服了。

总之，如果你想说服别人，你就要建立有效的说服逻辑，一个结论至少要有 3 个理由，且理由要能吸引、打动对方。

03 理由和结论要意义相关

在陈述支撑结论的理由时，理由和结论要意义相关。如果理由和结论的相关性不大，就等于没有解释清楚，结论也就难以成立，更难以说服对方。我们来看一组表达方式。

> A：“房租要上涨了，我要更加努力工作赚钱！”
> B：“房租要上涨了，我要开始节衣缩食了！”
> C：“房租要上涨了，我要考虑有哪些途径赚些外快了！”
> D：“房租要上涨了，我要去打排球了！”

相比之下，A、B 和 C 的表达，前后句之间都是意义相关的。因为“房租要上涨了”，所以“更加努力工作”“节衣缩食”“赚外快”都是很合理的。然而，D 的表达就会让听的人感到茫然：“为什么房租要上涨了就要去打排球呢？”当然，说“去打排球的人”的人也可能有自己的理由。例如，他可能经常和房东一起打排球，他收到房东要涨房租的消息后就约房东一起去打排球，顺便商量一下房租的事。虽然这对他来说意义是连贯的，但是 D 的表达却让人产生疑惑，因为对方并不知道其中的逻辑。

因此，在表达时，理由一定要和结论意义相关，让人一听就明白。具体来说，要做到理由和结论意义相关就要做好以下几点。

（1）仔细推敲理由和结论之间是否存在直接的意义相关性

要做到“有逻辑地表达”，就要在开口之前仔细推敲理由和结论之间是否存在直接的意义相关性，因为有时候理由和结论相关性不大或存在“隐性相关”，这是很难被察觉的，或者需要对方进行一番思索才能找到其中的相关性。这种表达同样会让对方产生疑惑，很难说服对方。

> 结论：我很喜欢吃苹果。
>
> 理由：苹果能提供人体需要的各种维生素；吃苹果对皮肤很好；吃苹果能减肥；吃苹果会有好福气。

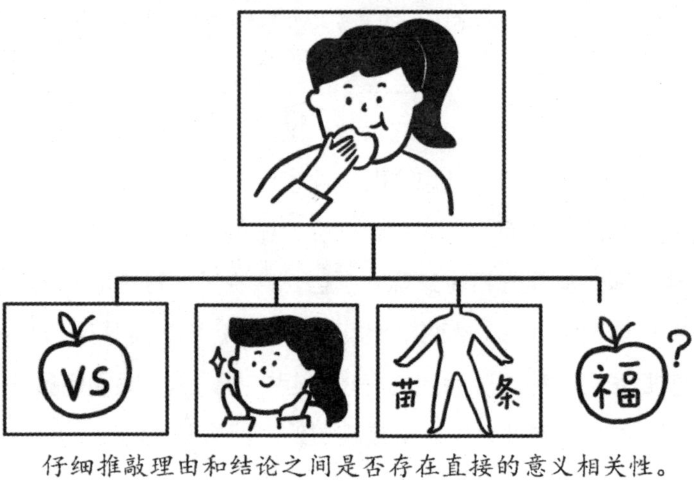

仔细推敲理由和结论之间是否存在直接的意义相关性。

听起来，结论和理由似乎都合理，但是仔细推敲之后我们会发现，理由和结论之间存在相关性不大的问题。

“水果能提供人体需要的各种维生素；吃水果对皮肤很好；吃水果能减肥”这3个理由，使“我很喜欢吃苹果”的结论成立。但是，“吃苹果会有好福气”则会让对方产生困惑。可能在说话人来看，“吃苹果会有好福气”是成立的。例如，她高考前吃了一个苹果考出了一个好成绩，或者她发现她人生中发生的好事都与苹果有着密不可分的联系，所以她觉得“吃苹果会带来好福气”。但是，不可否认的是，对于绝大部分的听者来说，“我喜欢吃苹果”与“吃苹果能带来好福气”没有直接的意义相关性。

从某种程度上说，说话人在陈述支撑结论的理由时，都会认为自己说出的理由能推导出结论，但是站在听的人的角度不是这样的。因此，说话人在表达时要仔细推敲自己的理由是否与结论意义相关，如果发现结论和理由“隐藏相关”，即不能从理由直接推导出结论，那么说话人在表达时就要多说一些话语，使“隐性相关”变为“显性相关”。

（2）要有“表达的逻辑是否通顺是由听者决定的”的意识

有的人说话习惯于让别人思考，对方需要反复思考才能明白他到底在表达什么。同时，也有一些人说话有一套自己的逻辑，即便说出的两句话看起来没什么联系，但说话人并不这么认为，因为他们的脑海里已经“填充”了很多细节和关联性。但是，这些细节和关联性是听者所不知道的，所以在听者那里他们说的话就是无逻辑的。这也是为什么我们在与他人对话时，经常出现他人难以理解我们表达的意思的情况的原因。

大多数人在表达时都认为“我觉得我这样说你更容易理解”，但是实际上表达的逻辑是否通顺是由听者决定的。因此，说者要从听者的角度反复检查“理由和结论之间是否意义相关”，一定要有“表达的逻辑是否通顺是由听者决定的”的意识。

当你表达“因为有这样的事情，所以说……”的时候，一定要站在听者的角度追问“真的是这样吗”“对方能听得懂吗”“对方会不会对此很迷茫”。最简单的检查方法，就是通过大声朗读来判断。当你把自己的结论和理由大声说出来的时候，你的耳朵会将听到的信息反馈给大脑，大脑会立即帮你判断它们之间是否意义相关。

如果条件允许，最好是同时读给周围的人听，请他们帮你确认一下。如果发现理由和结论意义不相关或者相关性很小，你就要重新思考，找寻相关性更大的理由。

04 删繁就简，尽量把话简单说

不少人在表达时常常喜欢把简单的事情说得复杂、高深，认为语言越难懂越能显出高水平，其实这恰恰是你不能说服对方的原因。你越说得复杂、累赘，对方就越难以领会你的意思，也就很难产生继续与你沟通的兴趣。

> 林凡目睹了一起交通事故，回家饶有兴致地告诉妻子：“刚才路上有人出车祸了。”
>
> 林凡的妻子忙放下手里的吸尘器，问：“严重吗？有人受伤吗？”
>
> 林凡开始绘声绘色地描述：“一辆宝马撞到了一个骑着三轮

> 车的老头。撞倒后，宝马车上的女人就下来了，她打扮得很时尚、漂亮，脾气还挺横，扯着嗓子就在那骂，骂得还挺难听。你说她自己的车技烂，竟然还有理由骂人，我也真是服了……"
>
> 这时林凡的妻子已经继续清扫卫生了。
>
> 林凡有些不高兴了："我在跟你说话呢……"
>
> 林凡的妻子闷闷地回答："我听着呢……"
>
> 林凡不满："这吸尘器声音这么大，你能听见啊？"
>
> 林凡的妻子无奈道："听不听得见也没有关系啊！我可不想听你在这里描述现场的情况，我只是想知道事故严不严重。"林凡的妻子无奈地看着丈夫。
>
> 林凡回答："哦，幸亏宝马车上的那个女人及时刹车，那老头摔了一下，并不严重。"
>
> 林凡的妻子双手一摊："你看！多简单的一句话，你说了这么半天！"

从案例看，林凡的表达就是啰唆的、没有重点的，容易让人失去耐心和倾听的欲望。具体分析，林凡将过多的表达放在了描述场景和细节上，表达啰唆而没有重点，更没有回答妻子想知道的问题，使妻子失去了耐心。相反，如果林凡在面对妻子的提问时删繁就简，直接说到重点"因为刹车及时，老头只是摔了一下，并不严重"，一句话就能把话说到位。

其实，林凡啰唆、繁复的表达方式也是很多人会犯的毛病。人在表达时脑海中往往会涌现很多想要表达的内容，如背景、心境和细节等，且认为自己的表达很有必要，即便这段表达在听的人看来很啰唆。其实，这种表达是很没有说服力的。

因此，要想有效说服对方，你就要删繁就简，尽量把话说得简单。

（1）删除“基本上”“如上所述”“考虑”等表达

不少人在表达时喜欢说一些概括性的、大体上的句子，例如“基本上”“如上所述”“考虑”等，其实这些表达都不是很有必要的，反而会让你的话语变得模棱两可、啰唆繁复，更难说服对方。

我们来看一组表达，这也是在工作场景中常见的：一个人面试，被面试官问道：“为什么你会选择我们这家公司？”

> A：“我过去的工作经历，基本上是从事行政工作，这种琐碎的工作让我觉得累，每天需要应付的事情层出不穷，更谈不上发展机遇，慢慢地觉得自己很疲惫。我现在考虑的是，是否有一种方式能够打破现在的平衡状态，而贵公司这些年在创新方面做得很好，我印象很深的是贵公司曾经设计过一款xx产品……所以我被深深吸引了。如上所述，我选择贵公司是为了获得更好的发展平台，提升自己的价值。”
>
> B：“因为我想尝试更多的可能性，提升自己的技能，另外，我对贵公司的××技术很感兴趣，我也比较擅长××领域，所以我就来了。”

A、B对比来看，A的回答啰唆繁杂，具体表现为以下3点。

一是这段话中有很多不必要的表达，如“基本上”“如上所述”“考虑”等这些话语，在表达时是可以放弃的。

二是语言比较难懂。相对而言，人们更容易理解的是日常用语。A表达中的“层出不穷”“很疲惫”在口语表达中显得较难理解，更精简的表达则是“每天需要应付各种事情”“这些让我感觉很累”。

A.

B.

把话简单说，更具说服力，也更惹人喜爱。

三是表达内容过于庞杂，阐述细节太多。同时，过多地阐述自己的内心感受，缺乏客观性，不仅容易令对方厌倦，还会让对方觉得面试者是一个优柔寡断的人。

我们再来看 B 的回答，简洁明了。首先，一句话总结了自己选择这家公司的目的。其次，又一句话解释了自己的能力和专业与该公司所招聘的岗位相匹配。如果招聘方对 B 回答的内容很感兴趣，就会继续询问，这时 B 可以进行新一轮作答，双方能很好地进入下一个交谈环节。

删繁就简，尽量把话简单说，就是要留下最能说服对方的核心部分，删掉没用的内容，别人理解了就不要再重复表达了。

（2）思考三步法：把话简单地说

要想做到删繁就简，就尽量把话简单说，你在表达之前要思考以下三步。

第一步：对方在问什么。

第二步：我最直接的观点是什么。

第三步：如何简单、直接地表达我的观点。

要想有效说服并把话简单地说，有一个很简单的办法，就是对方问什么你就回答什么，不要过多展开论述，删去与对方问题无关的表达。

例如，别人问你：“为什么你减不了肥？”

> 啰唆的回答是：“这个问题真的很让我烦恼，我也很想减肥，可是我看见美食就会忍不住。你看我很喜欢吃炸鸡、喝奶茶，这

> 两种食物最容易让人发胖了。而且，我之前也尝试过减肥，为了下定决心我还办了一张健身卡，可是我总共就去了3次，每次锻炼回来就更饿了。另外，我渐渐发现胖也没什么不好……”

这种先说一大段背景，然后再说原因，最后再总结的表达很啰唆，很容易就让对方听得心焦气躁。

精简的表达则是将自己想要表达的重点总结成几个理由罗列出来。

> “我减肥不成功主要有3个原因：一是我真的太爱吃了，尤其喜欢炸鸡和奶茶；二是我尝试去健身房锻炼，但是坚持不了多长时间；三是后来我想明白了，胖也没有什么不好，只要不影响健康就行了。”

想要做到“删繁就简”，简单地说话，你可以在表达之前反问自己一个问题：“如果只能用两三句话表达自己的想法，我会说吗？”当然可以，这需要你建立简洁的说话逻辑，在表达时直击问题的核心，去掉与主题无关的表达和成分，让话语更简洁有力，或者你可以直接将你的表达内容列为几点，简明扼要，让听者一下子就知道你所要表达的重点内容。

总之，只要你建立以对方提问为主、方便对方理解的意识，你就能做到相应地删繁就简，把话说得简单，既能高效交流，又能说服对方。

05 没有人想听努力的过程

很难否认，我们在说一件事情时总是会有意或无意地强调“我付出了很多的努力”。但是，这不是对方想知道的事情。一旦你说了“我努力的过程”，就会让表达变得更加“艰难”，这里的“艰难”是指对方很难从你的话中得到直接的重要信息。

> 李清和下属讨论新项目的情况。
>
> 李清问道：“你的方案我都看了，你觉得哪个方案比较好？”
>
> 下属答道：“我之前查过很多资料，也看了一下相关的项目，但是这些还不足以解决当前的问题。我想出了两个方案，方案A虽然实行难度大，但是一旦拓展开就能很好地进入市场。方案B则相对保守，但是方案B做得比较好的一部分是……通过对资料进行分析，我了解到……后来我从××那里拿到了近10年的行业发展报告，也做了一些研究，我发现……”
>
> 李清忍不住打断：“你研究的结果呢？”
>
> 下属回答：“还是方案A比较好。”

为什么李清会打断下属的表达？因为下属在表达时着重讲述其在此次项目中所做的工作和努力，并展开分析了一下他的努力过程。但是，这些听在李清的耳朵里，都是无用的话。其实，李清也明白下属诉说努力的过程，从某种程度上来说是为了提高报告的可靠性，但这又确实不是李清想要听到的内容。

因此，你在表达时要有意识地规避“努力的过程”，具体来说，你要注意以下几点。

（1）放弃阐述自己“努力的过程”，直接说结果

阐述“努力的过程”不仅包括个人所做出的努力，还包括将重点放在自己研究的过程上。这常出现在会议场景中，即发言者不直接说出自己的观点，也不直接说结果，而是把大量时间都花在自己研究的过程上。

> A：“我仔细研究了两个方案，张扬的计划挺不错的，资料收集齐全，也简单易懂，相关注释做得很仔细，尤其在 ×× 部分，我发现……李洋的计划也很好，因为他在 ×× 部分做得很好……”
>
> B：“我想按照李洋的计划去做。张扬这个 ×× 部分很好，但是李洋这个 ×× 部分更出彩。”

从 A、B 表达来看，B 表达简短有力，也更具有说服力，听者很快就能从 B 表达中收集到有用的信息，得到答案；反观 A 表达，全程和对方诉说自己研究的过程（即做出努力的过程），而这些信息是没有价值的。因此，B 表达是正确的示范，而 A 表达是错误的示范。

放弃诉说研究的过程，直接表达研究结果。

（2）避免出现“说的和自己的意见不一致”的情况

除了诉说自己的努力和努力的过程之外，还会出现一种“说的和自己的意见不一致”的情况。

> A：“我赞同 a 方案，因为我在研究的过程中发现，其实 a 方案还是存在一些缺点的，比如在 ×× 方面……相应地，我发现 b 方案在这部分做得比较好。另外，我在与 ×× 沟通时，×× 对 a 方案这一部分也比较担心……但是，我认为 a 方案可能会有不一样的魅力。”
>
> B：“我赞成 a 方案，它的可行性很高，也更保险。”

A.

B.

出现“说的和自己的意见不一致”的情况，让人很困惑。

A 的表达很容易让听的人产生疑惑，即你明明赞成 a 方案，但是总是提及 b 方案的优点。同时，赞成 a 方案的理由也不够充分，不具有足够的说服力。此外，A 的表达也将过多的时间放在自己对这两个方案的看法上，缺乏客观性。B 的表达，则一目了然。

要想建立有效的说服逻辑，就要简明扼要，抓住表达的核心观点，撇去无关的分析。换句话说，你在表达时不要诉说自己努力的过程或研究的过程，避免出现“说的和自己的意见不一致”的情况，这些内容不仅对主题没有价值，甚至会干扰听者的思维。

总之，你在表达的时候要有意识地规避努力的过程，这里的努力不只是你做了很多工作和准备（显性努力），还包括在收集资料的过程中对工作的分析和判断（隐性努力）。直接说出重点和结果，更具有说服力。

06　不确定的话要准备好前提

在日常生活中，我们有时会说出一些不确定的话语，既让对方无法理解，自己又感觉怎么说都不太合适，如担心引起别人的误解或潜在的烦扰，这时候你就要准备好前提。

> 陶芳芳说：“我想和李雯一起工作。”

其实，陶芳芳内心不只是想跟李雯一起工作，可能她还想和其他人一起工作。所以，陶芳芳这样说的意思可能是“我想在这个项目中和李雯一起工作，但是另外的项目我可能就不想和李雯一起工作了”。为了不出现这样的误解，陶芳芳在表达的时候就需要建立前提，如“如果我调到那个部门”“如果要找一个合作搭档”“如果要做 ×× 项目的话”……

不确定的时候要建立前提，避免对方误解。

在不确定的时候建立前提是一件很重要的事情。当然，在准备前提时你需要注意以下几点。

（1）与听者共享前提

我们再来分析一下“我想和李雯一起工作”这个案例，如果陶芳芳只是在内心默默建立了“如果我调到那个部门”“如果要找一个合作搭档”“如果要做××项目的话”等前提，但是没有说出口，没有和听者共享，那么听者是不知道陶芳芳说这句话时建立的前提的，此时听者也不能全明白陶芳芳的意思，所以无法达成共识。

与听者共享前提是很简单却很重要的一点，因为有时候人们在说一句话时内心会默默补上一句前提，还以为别人也能知道或别人都懂。

（2）明确结论（主张）

案例中的结论就是“我想和李雯一起工作”。结论要是明确的，这样你在表达前提时才会更有效果。同时，结论先行，以上统下，这样才方便准备前提。一旦你的结论是不明确的，你的前提也就没有了落脚点。

（3）准备多个说明结论的前提

如果有可能的话，准备三个左右的前提比较合适。一般来说，建立的前提越多就越能让结论显得客观公正，具备说服力。

需要注意的是，在准备前提时，说话人要思考清楚，衡量哪些前提最能传递自己的真实想法。

（4）试着读一下，检查结论和前提的意思是否相连

不少人在说话时会犯一个毛病，就是话语逻辑经不起推敲，一听很有道理，但是仔细一琢磨就会出现漏洞，甚至语义不相关。结论和前提也是如此，如果结论和前提不相连，很容易就让人不知所云，觉得莫名其妙。

总之，在表达不确定的话语前，你要先准备好至少一个前提，而且前提与结论要相关，能够让人知道你表达的结论有什么意义，而支撑结论的前提越多，就越能够让人听得明白，了解你为何会下这样的结论，从而建立清晰的逻辑。

本章总结

1. 先说结论，开头就点题，瞬间让对方领会你想要表达的重点。

2. 一个结论后面跟着 3 个理由，说服力度强。

3. 表达的逻辑是否通顺，是由听者决定的。

4. 不确定的话要准备好前提，让对方知道你的真实想法。

第六章
CHAPTER 6

语言技巧：
把话说到对方心里去

只有把话说到对方心里去，你才能实现有效说服。要想通往对方心里，你需要“携带”着友好得当的称呼、容易理解的积极的语言、场景化的表达，并注意与对方保持同一频道。

01 善用称呼的力量

在人与人的交往中，人们往往对别人如何称呼自己非常敏感。只要用心观察，我们就会发现，找到合适的称呼也是重要的交流技巧，对方会通过你对他的称呼判断你是不是一个有分寸、懂得尊重、头脑灵活的聪明人，这是一件看起来简单却很奇妙的事情。有时候，你称呼得当，就能轻而易举地赢得对方的好感；相反，称呼不当，不仅不能增进感情，有时还会弄巧成拙。

> 一次，李强和王明一起去拜访一位客户，对方是大公司的领导，在公司中任高级工程师的职位，此次碰面是商务场合，所以王明称呼他为“张工”，李强则称呼其为“张先生”。
>
> 当听到李强称自己“张先生”时，这位高级工程师表情微微变化，表现出了轻微不协调的感觉。随后他们来到这位工程师的办公室，李强说：“张先生办公室的装修风格真的很有格调呢！”面对李强的赞美，张工程师只是敷衍了一下：“还好吧。”
>
> 相反，张工程师却对王明表现出了一定的热情，甚至主动和王明沟通起来。

为什么张工程师对王明和李强的态度不同？原因在于李强称呼不当。从表面上看，李强称呼客户方为“先生”似乎也没有什么不妥，但是，这里有两个关键点：

一是这是在商务场合，如果对方有职务且职务较高，称呼“姓+职务”更显得尊重、有分寸；

二是当王明已经称呼对方为“张工”后，李强作为王明的伙伴，更需要有一种保持称呼统一性的意识。很显然，李强没有做到。

称呼不仅能反映一个人的身份、性别、社会地位和婚姻状况，还能从心理上反映你对对方的态度及双方的亲疏关系。从心理学的角度讲，人们很在乎别人如何称呼自己。如果你想快速进入对方的频道，与对方建立更亲近的心理距离，你就要善用称呼，正确、精准地称呼对方。

那么，如何在不同的场合使用对的称呼，快速进入对方的频道呢？

（1）工作场合："姓 + 职务"

一般来说，在工作场景中常见的称呼是"姓 + 职务"的方式，如"周总""张书记""王秘书""李副总"等。这种称呼不仅能让人第一时间听出对方的身份和职位，同时也能体现出分寸感和尊重感。

这里的"姓 + 职务"的称呼方式，较适用于不属于同一家公司或不在同一个部门的情况。例如，A 公司和 B 公司有业务往来，双方在见面时可用"姓 + 职务"相互称呼。如果是同一家公司甚至是同一个部门的同事，一般称呼别人"丽姐""娜姐""祥叔"比喊"周总""谢总""王总"更让人愉悦。

> 李雯工作几年后成为部门的主管，也成了领导层中的一员。当上领导的李雯总是被大家称为"李主管"，每次听见下属如此称呼自己，李雯都觉得这个称呼生硬、冷冰冰的，拉开了自己与下属的距离。

> 最近公司新招来一批实习生，其中一个小姑娘称呼李雯为“雯姐”，李雯对这个称呼很满意，觉得这个称呼不仅体现了自己的资历，也不会“脱离群众”，于是她对下属说“以后大家都叫我‘雯姐’就可以了”。

在朝夕相处的工作空间里，称呼对方为“雯姐”“王叔”“磊哥”等比称呼其职务更亲切。当然，当对方的职位等级高到一定程度，如“总经理”“董事长”“副总”等时，还是要选择“姓＋职位”的称呼方式。

在这里，需要强调的是，很多人喜欢在退休后被称呼退休前的职务名。例如，你去拜访一位校领导，他在退休前担任的是学院书记的职务，这时即便他退休了，你仍然可以称呼他为“张书记”“张老师”等，对方肯定也非常乐意你这么称呼他。这一称呼体现了你对对方地位和立场的尊重意识，更容易让对方对你产生好感，产生亲近之情。

（2）善用“老师”的称呼

“术业有专攻”，你在称呼对方时，可以考虑一下与对方的专业性和愿望相符的称呼方式。以前，“老师”这个称呼较多地使用在学校。如今这个称呼延伸到各个行业，尤其是当你不知道如何称呼对方又想要表达对对方的尊重和认可时，称呼“老师”恰如其分。

例如，称呼摄影师为“张老师”，称呼医生为“李老师”或“李医生”，称呼律师为“周律师”或“周老师”等。即便对方年纪比你小，你也可以称呼对方为“老师”。这一称呼更显示出你的恭敬。

不同场合下的称呼，发挥着不同的作用。

当然，不是在任何场景下称呼对方“老师”都是合适的。一般情况下称呼有学识的、有辈分的人为“老师”更贴合实际，不显突兀。

总之，称呼用好了，往往会让对方觉得你是一个头脑灵活、心思清楚的聪明人，大家也都乐意与这样的人交流。如果称呼错了，对方可能嘴上不说什么，心里却把你拉入了黑名单。

02 容易理解的语言更具吸引力

你什么时候会对别人的表达丧失兴趣？相信有不少人的回答是“我听不懂，时间久了我就懒得听了”。这里的听不懂，并不是因为对方在表达时使用了外语，超出了你的语系理解范围，而是对方使用了复杂的语言。换句话说，常见的语言障碍不是出现在不同的语言之间，而是在同一门语言之间，由于双方使用不熟悉或不容易理解的词语造成的沟通障碍，这会降低沟通效率。

> 从前，一个秀才去买木材，刚好在路上遇到了一个卖木材的。他就对卖木材的人说：“荷薪者来！”他的意思是说担木材的人过来。
>
> 虽然卖木材的人听不懂“荷薪者”3个字，不过还好他听得懂“来”这个字，于是，他就把木材担到这个秀才面前。
>
> 秀才又问他：“其价如何？”他是想问木材的价格是多少。卖木材的人虽然听不懂这句话的意思，却听懂了“价”这个字，于是就告诉了秀才木材的价格。
>
> 秀才接着又说：“外实而内虚，烟多而焰少，请损之。”事实上，这是秀才在砍价。他的意思是说，你的木材外表是干的，里头却是湿的，燃烧起来会浓烟很多但是火焰很小，少开点儿价吧。
>
> 但是，卖木材的人听不懂这些话，更没有兴趣再和他继续浪费时间，于是，他担着木材走了，秀才也没有买成木材。

站在秀才的角度看，像“荷薪者”“其价如何”“外实而内虚，烟多而焰少，请损之”符合他的语言系统和表达方式，也符合他的知识体系，但是秀才没有考虑到卖木柴的人的理解能力。卖木材的人不能理解秀才的表达，所以逐渐失去耐心，直接担着木材走了，双方的对话就此结束。

如果你想说服他人，把话语说到对方的心里去，就要使用简单、容易理解的语言，如果语言过于高深、不容易被理解，那对话也就会无效。

可以想象一下，如果有人正在跟你说话，但是你无法理解他在说什么，此时你会怎么办？你会把注意力放在理解他的话语上，例如“他刚刚说的 ×× 是什么意思”，当你尝试理解的时候，你就会错过对方表达的其他内容，随着对话的不断进行，你会变得越来越迷惑，很难再听下去。

人们一旦碰到自己难以理解的词语或表达，接下来的对话就会“迷路”。

因此，我们在表达的时候要尽可能地使用简单的词语和清晰的逻辑。

使用容易理解的语言的 3 个方法。

（1）使用对方熟悉且容易理解的语言

因为每个人的文化程度、生活背景和理解程度不同，所以为了增强对话的有效性，让对方尽快理解你的观点，你就要使用容易被对方理解的语言。这里有一个小妙招——使用对方熟悉且通俗的、方便理解的语言与对方沟通。

> 王明做新产品的介绍，在讲到“追求奢侈的……”一句时，他的主管示意王明换成比较简单易懂的语言来表达，如“喜欢贵的产品……”。
>
> 王明很困惑：“主管，我觉得这种表达方式还挺简洁的，也不是很难明白，为什么要换掉呢？”
>
> 主管回答说：“即使是成年人，在碰到一个难以理解的词语时也会出现难以理解的情况。我们的产品介绍要能让初中生甚至是小学生都能理解。”
>
> 王明点头说：“我懂了，我也有过这样的感受。我有时在与不同专业的人交流时，他们说了一个在他们看来再简单不过的术语，我却听得一脸茫然，就会想他说的xx到底是什么意思……”

你说的话越是能够被对方瞬间理解，就越是能够调动对方的兴趣，让对方更好地投入这段沟通，而不用把注意力放在如何理解你的话语上，使沟通更顺遂、有效率。

所以，根据对方的知识水平和理解能力选择语言，并怀抱照顾对方的心理，你会更有意识地说出容易理解的语言。

（2）尽量不使用专业词语

很多人习惯使用自己所在领域熟知的词语与对方沟通。例如，在出版行业，出版人对“书号”“UV”“三审三校”“重版率”“印张”等词语的意思了然于心，但是不熟悉这个领域的人却不清楚其具体含义；再如，在创意世界，“Tonna（音调和庄园）”这个词很普通，但是对非专业领域的人们来说，这不但不是常识，还是一个难点；在体育领域，体育人或热爱体育的人懂得什么是“乌龙球”，但是如果你对一个丝毫不了解足球的人说起“乌龙球”，对方肯定很疑惑。这些行业里的专业词语和行话用在日常对话中，不但会让对方产生疑惑，甚至会成为对方的负累，让对方很想逃离与你的对话。

因此，在有效对话中，尤其是当对方不熟悉你所在的领域时，你应尽量少使用专业词语或行话，多使用对方能理解的通俗语言，帮助对方理解，提升对方与你交流的乐趣。

（3）必要的时候可借助图表来表达

图表是一种容易理解的语言，不但清晰，而且能够在瞬间就让对方明白你想表达什么以及话语中没能表达的部分。所以，建议你在必要的时候使用图表，如 Excel、柱状图、曲线图、饼状图等进行表达。

具体来说，当你在做会议报告或产品展示时，适当借助图表和幻灯片进行表达，既简洁明了，又能让对方迅速理解。

总之，我们在说服对方时，要尽可能地选择容易理解的语言，不仅能快速地让对方理解你的意思，还会让你的表达具备吸引力，让对方感受到交谈的乐趣。

03 尽可能使用最简单的日常用语

有的人在对话中会陷入一个误区，总想着如何精深自己的语言，彰显自己的学识，或让话说得漂亮，结果却适得其反，不仅对方听得不真切，也容易陷入混乱。相反，如果你选用最简单的日常用语表达更丰富的内容，你会发现对方不仅听得更清楚明白，而且还能迅速领会你在表达什么，给你及时且有效的反馈。

尽可能地使用最简单的日常用语，对我们说服对方有着显而易见的好处，我们来看这样一组表达：王文想让李清陪她逛街。

> A：“你最近身体是否安康？用过早膳了吗？你等下有出去逛街的意向吗？我这两天刚好有了空闲时间，如果你能从自己的时间表上划出一点儿时间，我是很开心你那么做的……”
>
> B：“咱俩好久都没联系了，等下要不要一起出去逛街，如果你有空的话……”

从 A、B 两种表达来看，A 的表达过于正式且书面化，对方理解起来会比较吃力，同时会觉得很累赘；B 的表达则直接明了，使用的是日常用语，更容易让对方瞬间就知道表达的重点是什么。如果你是信息接收者，你是倾向于接受 A 的表达还是 B 的表达呢？相信绝大部分人会选择 A 的说话方式。

在人际交往中，我们要尽可能使用最简单的日常用语，帮助对方理解。

（1）依照对方的水平层次、职业选择日常用语

一个善于说服他人的人总会想着把自己的话语用对方所熟悉并

且容易理解的语言表达出来，使对方能够迅速理解。同时，他还会灵活地依照对方接受信息的能力或根据其水平层次和职业来调整自己所选择的日常用语。尤其是当他与知识水平低于自己的人交流时，更要使用对方能理解的简单的日常用语。

使用简单的日常用语，更容易让对方理解。

例如，你与医学院的学生交流：对方若是博士，你就要选择与其专业水平相匹配的医学日常用语；若对方是一个刚刚步入大学的医学生，你就要选择符合大学生理解程度的医学日常用语。

因此，你在表达之前，可以有意识地判断对方接受信息的能力和知识水平，选择符合他们知识系统的日常用语，更容易让交流趋于一致，帮助对方快速理解。

（2）使用对方熟悉的、简单的日常用语

虽然说日常用语是大家都能理解的，但不同的人习惯使用的日常用语也会有所区别，所以你要使用对方最熟悉的日常用语。例如，同样是说明土地的面积，你和城里长大的人说一块土地有多少平方米对方很容易就能够理解，如果你与整天和土地打交道的农民说一块土地有多少平方米则远不及说有多少亩更容易让他理解。除此之外，每个地方的日常用语也不一样，这就涉及方言体系。例如，少数民族对“谢谢”的日常表达就与汉族不同。如果你在说服对方之前能够用他们熟悉的日常用语与他们交流，就不仅能够增强他们对你的好感，还能迅速让对方领会你在表达什么。也就是说，用易于他们理解的语言方式来交流，他们也能给你最直接、最真实的反馈。

（3）表达之前先斟酌一下语言

除了要考量对方的知识水平和接受信息的能力，我们同样要思考我们本身的知识水平和表达能力。因此，在表达之前，要先斟酌一下自己即将要说出口的话，并反问自己：这些即将说出口的话让人费解吗？是不是最简单的日常用语？对方是不是无须思考就能理

解我说的话？如果答案是否定的，你就要更换为更简单的日常用语。

总之，建立使用最简单的日常用语的意识非常重要。你在说服别人之前，要告别用华丽辞藻堆砌的表达方式，要学习灵活使用日常用语，让对方快速、毫无障碍地进入你的说服渠道，进而被更好地说服。

04 用词精准有助于对方快速理解

在表达中，有的人用词不精准，常常会给听的人带来一种莫名其妙的感觉，因为对方很难从你的话语中直接了解你想表达的真正含义，对方往往需要长时间思考，并结合你前后的表达，经过一番分析再加工后才能得出结论，而这个结论往往还不是说话人真正想传递的意思。无疑，这样的沟通是非常让人厌烦且疲倦的。一旦对方对你的表达产生困惑，自然就很难产生信服感。

> 王怡对许阳抱怨道：“虽然她们在背后老是说我，但我不以为然，因为没必要将这些糟心事放在心上，过好自己的日子才是最实际的。但是，话说回来，她们有时说的话也太差强人意了，记得有一次……”
>
> 许阳一脸疑惑：“你到底想表达什么？我怎么觉得你说话前言不搭后语的……”

从案例看，为什么许阳会一脸疑惑且认为王怡说话前言不搭后语？原因在于王怡在表达时出现了用词不精准的问题。首先，“不以为然”的意思是“不认为是对的，表示不同意或否定”，而“不以为意”则是“不把它放在心上，表示对人或事抱轻视态度”，按照语义，这里用“不以为意”更为精准。其次，“差强人意”也用词不精准，因为“差强人意”表示基本使人满意，根据语义，王怡是想表达她们说的话十分让人不满意，所以这里不应该用这个词。

用词不精准的表达会让人产生疑惑。

其实，用词不精准不仅会给对方的理解造成障碍，打断对方的思绪，中断对方的注意力，让对方一直思考你刚才表达的“xx”究竟是什么意思，同时这一行为还会阻碍你自己的表达，因为一旦对方主动开口询问你刚表达的“xx”是什么意思你就要停止表达，向对方解释，等解释完毕，你可能很难再接上被打断之前的表达情绪，这是一种双向的损失和障碍。

不可否认，人们在生活中都有过或多或少用词不精准的问题。但是，要想让对方快速理解，我们在表达时就要用词精准。因此，你在表达之前要做到以下几点。

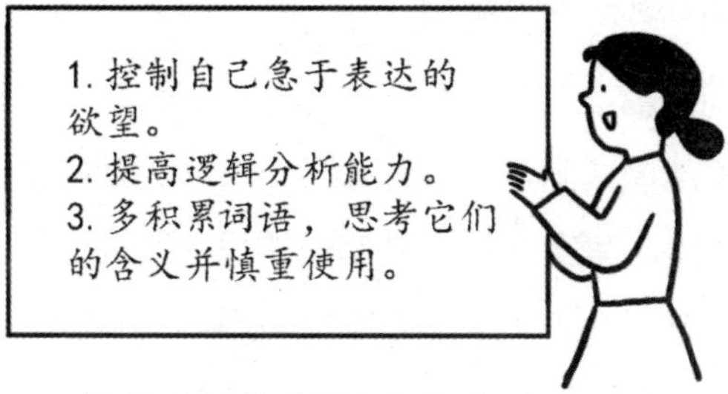

提高用词精准的3个方法。

（1）控制自己急于表达的欲望

出现用词不精准的情况有两个重要原因：

一是有的人词汇量不够，因此无法快速找到一个合适且精准的词语表达自己的想法。

二是有的人词汇量虽然够了，但积累词汇的方式过于简单粗放，不会细细琢磨，脑海里窜出一个词立即说出口，可说法经不起推敲。除此之外，不少人在表达时会出现这样一个毛病，如“我想与你说的就是……额……嗯，就是你一定要重视……重视自己对他人的评价，因为我们很容易就会把自己的一些想象……就是自认为的东西施加到别人身上……”，在这段表达中，说话人有不少语气词如“嗯”“额”，这些词会干扰对方听的专注力，也很容易出现因为随口说出而用词不精准的现象。

因此，我们在表达之前可以先行在脑海里思考一下，组织一下语言，想象自己如何表达才更精准，能够帮助对方快速理解。同时，少用“嗯……”“额……”“啊……这个”等语气词，思考完再表达，能有效提升用词的精准度。

（2）提高逻辑分析能力

有时用词不精准的原因是思维固定，我们常常按照自己惯常的理解模式和表达模式向对方传达意思，并认为对方也会展开跟自己一样的理解思路，其实这是一种错误的思考方式。如果想让对方听明白，很重要的一点就是要提高自己的逻辑分析能力。

具体来说，要注意以下3点。

一是仔细检查一遍自己要说服对方的内容，查看是否存在逻辑不清的问题。

二是在检查时你还要考虑使用这种词语表达会不会引起歧义或让对方误解。

三是检查完毕再有条理地向对方表达，而不是一股脑地随意发挥。

（3）多积累词语，思考它们的含义并慎重使用

为什么很多伟大的作家会被称为“语言大师”？因为他们有着丰富的词汇和高超的表达方式。越是拥有丰富的词汇，语言表达能力就越强，表达就越贴切。换句话说，如果他们没有掌握足够多的词汇，那么他们在创作时就难以自如表达。当然，丰富的词汇也不是一天就能积累的，这需要作家平时多积累。

同样，如果我们拥有贫瘠的词汇，在表达时往往就会力不从心，或者即便表达出口还是难以精准地传递我们真实的想法，还会被对方误解，造成沟通障碍。因此，要想提高用词的精准度，你要多积累词汇，思考它们的含义，并慎重使用。

总之，当你在说服对方时，用词不精准会给对方带来理解障碍。因此，在你表达之前可以将自己想要说服的内容在脑海里过一遍，斟酌表达是否精准；在斟酌之后，可以借助“IREP法”（Issue论点、Reason理由、Example实例、Point结论）来帮助自己厘清思路，提高逻辑分析能力，让对方快速理解你想传达的信息，进而提高说服的可能性。

05 场景化语言，让对方身临其境

人们不轻易相信抽象的东西，而当你描述出来的事物具体可感时，你会发现人们的态度发生了转变。所以，要想提升说服对方的可能性，你就要学会有技巧性地使用场景化语言，构建出一个完整鲜活的画面，让对方有种真实的感觉，并由此对你产生信任。也就是说，你描述的场景越让对方可感，你的说服力也就越强，对方也就更容易被说服。

例如，A和B两个人跟自己喜欢的女孩子告白。

> A：“我真的很喜欢你，我希望你能做我的女朋友，我会让你幸福快乐的。你愿意给我这个机会吗？”
>
> B：“我真的很喜欢你，我希望你能做我的女朋友，让我宠着你。每天早上，我会做好早餐等你起床；每天傍晚，我会陪你一起散步。等我们休假的时候，我想带你去看你最爱的大海。我们光着脚丫子踩在沙滩上，看夕阳西下。海风拂过，吹起你的长裙，我会给你拍下最美的照片。我想陪着你做任何你想做的事情，你愿意给我这个机会吗？”

场景化语言，让对方身临其境，

更易让对方产生信任感。

我们来分析 A 和 B 的告白。

虽然 A 说得朴素，也表达了他想表达的意思，但是缺少一点儿感觉，很难让对方心动，而且这句告白过于普通，很难让女孩感受到自己的心意。

A 表达中缺少的这点儿“感觉”和“心意”，在 B 的表达中很好地显现出来了、场景化的告白很容易让对方身临其境。在 B 描述的同时，女孩会想象出“早晨一起吃早餐”“傍晚一起散步”“在沙滩上迎着夕阳漫步”的甜蜜景象，这些景象给人一种幸福甜蜜的感觉，因此被告白的女生更容易被说服。

具体来说，场景化语言就是从多个角度、多种感官（听觉、视觉、触觉、味觉、嗅觉等）等场景进行形象、生动的描述，构建一个生动鲜活的形象，从而让听者脑海中的画面自动形成信服力，以得到美好的体验。

（1）“五感”场景化，让对方身临其境

我们从听觉、视觉、触觉、味觉和嗅觉这 5 个感官角度各示范一个案例，展示如何让对方身临其境。

> 视觉：如果你选择购买此处的房子，早上你站在落地窗前放眼望去，远处就是一望无际的大海，海鸥在蓝天白云下飞翔，雪白的海浪一层层卷起，舒缓地散开。你还能看到海鸥掠过海面飞翔，自成一派……
>
> 听觉：这款音箱能满足您的要求。如果你想听到大海的声音，这款音箱能还原出海浪翻涌和拍打礁石的声音，一层接着一层，一波推着一波，缓缓行进，舒缓而轻松。这时你闭着眼睛，海浪声仿佛就在耳边，你会更快地入眠……
>
> 嗅觉：如果你购买这一款香水，你往空气里喷上一点点，你

> 就恍若置身一片花海。花香清新淡雅并不浓烈，让人闻着心旷神怡，这种味道还能持续很久……
>
> 味觉：这款浓汤，你喝上一口，鲜味仿佛在你的味蕾上跳舞，汤汁浓郁。等你细细回味过来，还有一种清香和甘甜，非常美妙……
>
> 触觉：你抚摸上去，仿佛摸在了柔软的羽毛上，轻柔饱满，还有一种难以言喻的细腻。你晚上躺在上面睡觉，仿佛躺在云朵里……

当你开始进行场景化描述时，你会给对方营造一种身临其境的美妙体验，而这种体验会形成说服力，让对方为了能切实感受到脑海中的美好想象而付诸行动。人都是善于想象的，也很容易将脑海中的景象幻化成自己梦想中的场景。

（2）多使用形象化、立体化的表达手法，让对方有更深刻的体验

如果你想说服一个人，就要多说一些让他们有场景感的话语，多使用一些形象化、立体化的表达手法，让对方有更深刻的体验。具体来说，你可以多使用一些拟人、比喻、排比、夸张、对比、通感等修辞手法，让你表达的内容具体可感。

例如，一名服装销售员说："我们这件衣服面料上乘，选用的是最亲肤的面料。款式也很大方，质量好，价钱还不贵……"此时你的内心波动不大，因为这是销售员一贯的说辞，类似的话语你已经听得很多了。

另外一名销售员则跟你推荐："你记得电影里的洛可可风服饰吗？这款衣服的腰身设计采用的就是洛可可式样，很是优雅美丽，也能勾勒纤细的腰身，就像是一只漂亮的蝴蝶。你走在路上肯定回头率很高。"

两者对比，相信更多的人会对第二种表达方式更有感受，销售员通过比喻手法勾勒出了一个美好的场景，让你产生了更具体的想象，进而你会更信服销售员的说辞。

总之，当你想要说服对方时，就要试着让你的语言场景化，让对方身临其境。你的描述越形象，越让对方具体可感，你说服对方的可能性也就越大。

06 如果对方要“东”，尽量不要说“西”

如果你想说服对方，那让对方觉得“他是跟我一样的人”非常重要。相反，如果你时时与对方“对着干”，表现出你和对方的不同，即便你说得很有道理，对方也很难接受。

因此，在1分钟之内把话说到对方心里去，很关键的一点就是要同频。所谓的同频，就是你与对方保持在同一频道上，你认可对方的心情和感受，双方聊的都是同一个话题，说的是同一件事情，而不是对方在说东你扯到西，对方在说A的事情你却在说B的事情。

> 肖雅雯和朋友李爽抱怨自己与男朋友之间的矛盾。
>
> 肖雅雯说：“他一放假整天都在玩游戏，一点儿也不照顾我的感受，还总是说我爱唠叨。你说我是爱唠叨的人吗？”
>
> 李爽如何回复比较好呢？
>
> A：“你确实有点儿唠叨，记得有一次……”
>
> B：“我们晚上吃什么呢？要不要去吃火锅？我们很长时间没有一起吃火锅了。”
>
> C：“我觉得你不是一个爱唠叨的人，男生有时就是这样，只要你重复两遍他们不爱听的话题，他们就觉得你是在唠叨……”

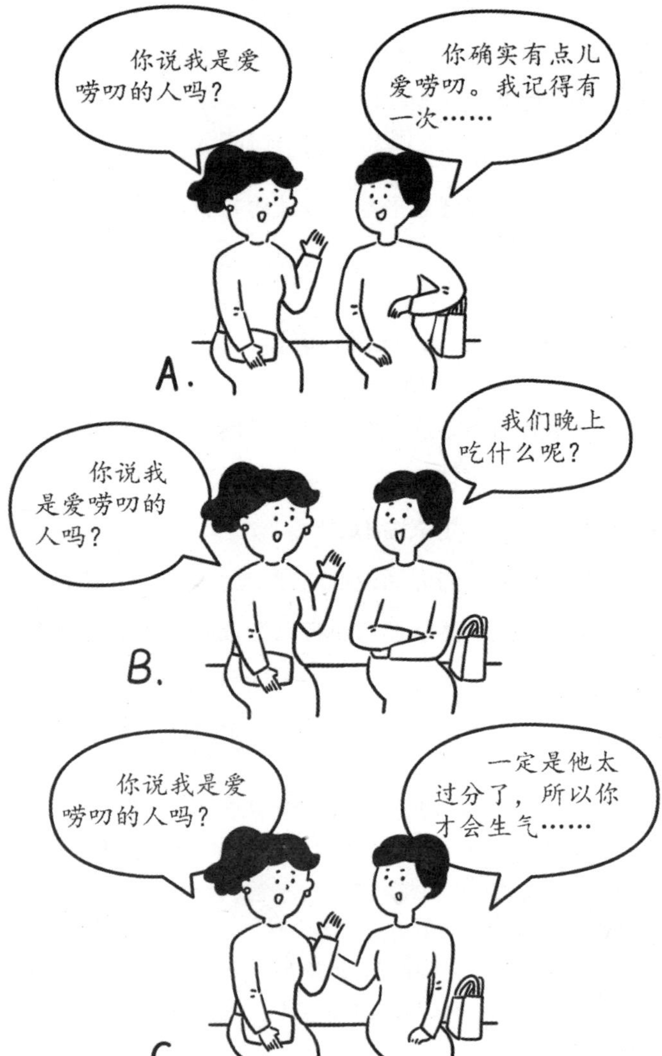

与对方产生情绪共鸣，
更容易说服对方。

从以上三种回复看，A 回复没有做到与对方共情，也没有感受到肖雅雯在表达这段话时的心情。

B 回复则是直接转移话题，没能与肖雅雯保持在同一频道上。这种回复只会让肖雅雯内心更郁闷，认为李爽丝毫不顾及自己的心情。

C 回复就很好。首先，C 回复应和了肖雅雯的心情，让肖雅雯的话语有了一个可靠的投递方；其次，C 回复还进一步宽慰了肖雅雯，与其“同仇敌忾”，让肖雅雯的情绪得到了宣泄。

具体来说，在与对方保持同频时你要做好以下方面。

（1）始终保持同一个话题

在有效对话中，忌讳无视对方的心情转移话题，一旦对方发现你没有呼应他的情绪和心情，而是转移到别的话题上，极容易激起其负面心理反应。例如，对方跟你大吐“婆媳问题”的苦水而你没有呼应对方的话题，反而去诉说发生在自己身上的一件小事，对方内心就会无比郁闷。

因此，你要有意识地与对方始终保持同一个话题，并适度地以对方的感受为主，满足对方诉说的心情。具体来说，当对方在说一个话题的时候，你不要转移话题或将焦点转移到自己身上，而是要关注对方的情绪和感受。

（2）和对方保持同一种情绪

虽然每个人对事情都有自己的想法和观点，也会产生不一样的情绪，但要想把话说到对方心里去，你就要学会与对方保持同一种情绪。

例如，王雯因为婆媳相处问题十分苦恼，情绪很低沉，向周薇薇抱怨。因为周薇薇的婆婆很开明，所以周薇薇情绪很高昂，语气也很轻松愉悦地回复：“不会啊，怎么会有这样的婆婆呢？我觉得天下的婆婆都是很好的啊，你是不是想太多啦！”相信王雯此时内心会更郁闷，不信服周薇薇的话。

从例子看，周薇薇与王雯的情绪是不同步的，周薇薇所说的话也没有应和王雯的情绪，因此双方的交流是不愉快的。

和对方保持同一种情绪非常重要。具体来说，当对方诉说一件悲伤的事情时，你的情绪也要保持适度低沉，感受对方的心情。相反，当对方诉说一件愉快的事情时，你的情绪也要相应的愉悦。这样，双方保持同一种情绪，才能顺畅交流。

（3）用“如果”代替“为什么”

通常，我们在说服别人时为了强调我们想法的正确性，习惯说出类似于“为什么你不想着去减肥呢”“为什么你不想着去运动一下呢”“为什么你不愿意做出 xx 行为呢”“你为什么不选择这个方式呢”等的话语。其实，当你在说这种话时，对方心里也会想“我为什么要做出减肥 / 运动这个行为呢”或“我就是不愿意减肥啊”等，无形间你们之间便出现了思维不同步的情形。

这时你可以改变一下你的表达方式，用“如果”代替“为什么”，效果倍增。例如，“如果你去适当运动下，你会发现……”“如果你能做出 xx 一点小改变，你能看到对方也会因为改变而做出一些调整”……对方此时会考虑你给的建议和意见，更容易将你的话听到心里去。

总之，把话说到对方心里去，让对方听得入心，你就不要逆着对方的思维、情绪，而是要与对方保持同一个节奏，让对方知道你是跟他同情绪、同频道的。

07 多使用积极、正面的语言

在沟通中，如果你的语言消极且负面，常带着指责的意味，并频繁地使用“不对”“不是这样”“你说的是错的”等字眼，即便你说得很有道理，也很难让人信服。在心理学上，比起消极负面的语言，积极正面的语言更具有说服力。

所以，如果你想要说服别人，要记得多使用积极正面的语言！

例如，周蓉想说服读高中的儿子少玩游戏，下面有两种表达方式。

> A：“你知不知道你都读高中了？整天就知道玩游戏，心思一点儿都不放在学习上。你看看你这次的月考成绩，数学比上次少了 12 分，英语成绩更是不像话。你知道你再这样漫不经心，会落后多少吗？一放假回来就玩游戏，玩游戏就能考上大学吗？我说话你有没有听见？你这个周末必须去上英语补习班，听到没有……”
>
> B：“这次的月考成绩下来了。我看你这次语文好像比上次考得好，提高了 10 分呢！数学有一点儿波动，不过我也知道你们班上的数学平均分，考到这样已经很不错了。我也知道英语一直是你的薄弱项。你看这样行吗？我给你找了一个英文家教老师，现在还没定，想来听听你的意见，你觉得有没有必要强化一下英语呢？”

积极正面的语言更具有吸引力。

对比 A 和 B 两种表达，在 A 表达中，消极负面的语言有“你看看你”“整天就知道”“一点儿都不”“少”“不像话”“漫不经心”“落后”“有没有”“必须”等，基本上这段表达就是一通指责，说话人以自我感受为主，内容过于主观，对方当然也很难心平气和地听话。这种说话方式往往会导向另外一个极端，即双方陷入争吵，谁也无法信服对方。

我们再来看 B 表达，积极正面的语言有“比上次考得好”“提高了”“很不错”“听听你的意见”“强化”等。相比较而言，B 表达中的话语更通情达理，客观真实，也关注到听者的感受，此时，听者一般也会认真考虑对方给出的意见。

所以，即便是表达同一个意思，积极正面的语言也远比消极负面的语言更有力量，也更能打动人心，实现说服。具体来说，我们在使用积极正面的语言时可采取以下两个技巧。

（1）推己及人，把自己想象成对方再说

我们在说服一个人时，虽然也很想“动之以情晓之以理”，但是在说服中不知不觉地就会陷入批评、指责对方的误区。为了能够有效提升语言技巧，多使用积极正面的语言，把话说到对方心里去，在开口说服之前，我们要先推己及人，把自己想象成对方，想象自己想听什么话，希望对方如何理解自己。

例如，你想说服一个人“不要冲动时，要多想想对方的付出与不易”，如果你一开口就说“我觉得你太容易冲动了，你知道你这种行为会给别人带来多大的伤害吗……”，这种负面消极的表达非常不利于说服，很容易点燃对方内心的怒火，导致对方抗拒。

正确的做法是换位思考，把自己想象成对方，想象自己最想听到

什么话，然后再开口“我特别能理解你的心情和处境，因为我曾经……正是因为你付出了这么多没有得到回报，所以你一时觉得难以接受。其实，有时候我们也正是因为太容易站在自己的角度和立场看问题，所以难免会疏忽对方的心情。如果我们能试着……事情可能就会出现新的转机，对不对”，对方很大可能会愿意静下心来好好听你说话。

（2）多使用积极、正面的语言

当你能够关注对方的内心感受，多站在对方的角度上看问题时，抱着宽慰对方的心情，你就更容易说出积极、正面的语言。下面我们列举几个例子，展现积极正面的语言和消极负面的语言的区别。

消极负面的语言
你不行！
你要这么想我也没有办法了！
我觉得你说得不对！
你怎么这么不懂我的心？
你听懂了吗？
为什么你会犯这样的错误？
你又怎么了？

积极正面的语言
我相信你一定可以！
我知道你有苦衷……
我能理解你的感受，同时……
我是有哪些方面做得还不够好吗？
我表达清楚了吗？
你最近是不是有些心事？
你是不是有点儿不开心？

可以看出，消极负面的语言带着指责对方的意味，会恶化对方的情绪；而积极正面的语言更多地考虑到了对方的心情和处境，更易被人接受。

所以，如果你想要克服自己无意中使用消极负面语言的不良习惯，就要懂得换位思考，把自己想象成对方，把自己爱听的、听得舒心的话说给对方听。

从某种程度上来说，说服对方其实就是说服对方的情绪。如果你的表达消极负面，很容易激起对方的负面情绪。一旦对方的负面情绪上来，即便你说得很有道理，对方也不愿意接受。相反，如果你的表达积极正面，你会发现对方更愿意听取你提供的建议或意见。

本章总结

1. 找到合适的称呼也是重要的交流技巧。

2. 尽可能地选择容易理解的语言，会让对方感受到交谈的乐趣。

3. 用词不精准，表达会让人产生疑惑。

4. 积极、正面的语言更具吸引力，更容易让对方信服。

第七章
CHAPTER 7

引导思维：创造一致性观点

如果你希望对方“像我一样这么想”，实现无形说服，那么你就要引导对方的思维，创造一致性观点。

01 一定要有关键句

可能不少人有这样的经历：和别人交流时，发现对方总是听得不认真，甚至走神，结果你发现自己讲了一大段话，对方只是回了一句“嗯，还挺不错的”……为什么对方在你说话时有如此反应呢？因为对方觉得你的表达过于空泛，表达中没有关键句，听一句和听十句效果一样。

确实，站在我们自己的角度，即便是再微小的一句话我们也不会觉得是一句废话，但不可否认，很多在我们看来很重要的信息可能对对方来说不值得一提。因此，为了强化说服效果，创造一致性观点，你一定要学会用关键句来表达自己想要传达的内容，既要吸引对方听，又要快速地让对方知道你表达的重点。

例如，公司开会，你突然被领导点名汇报一下近期的工作情况。

> A：“我最近一直在做王总的项目。我昨天去找王总签合同，之前就与对方约定好了，约在了 9 点，等我过去的时候，怎么等他都没来。然后就到了 10 点，他倒是过来了，但说自己很忙，还有一个会议急着召开，让我再等。就这样，我又等到了 12 点。我饿了想去吃饭，但是我又担心对方正好这个时间点过来，于是我……”
>
> B：“我这个月重点在跟进王总的项目，王总那边给出的反馈是成本太高了。按照王总的要求我又做了一个新的成本预算，会后提交给您；然后我做了度假村的策划案，在创意设计一栏遇到了一些困难，这点我还需要一点儿时间跟策划部的同事沟通……”

关键句能够让对方快速
了解你表达的重要信息。

对比A、B两种表达方式，A汇报逻辑不清，表达没有关键句，不能立即让领导听出重点，既浪费时间又让人听得焦躁；B汇报清晰明了，能让领导瞬间知道关键内容。

麦肯锡著名的“30秒电梯理论”要求公司员工凡事要在最短的时间内把结果表达清楚，凡事要直奔主题、直奔结果。

> 一次，麦肯锡公司为一家重要的大公司做咨询，咨询结束后，麦肯锡公司的项目负责人在电梯间遇到了对方的董事长，董事长询问了项目的进程，该项目的负责人当场啰啰唆唆地说了30秒，却没有在这30秒内把事情交代清楚，话语中也没有关键句，结果，麦肯锡公司最终失去了这个重要的大客户。
>
> 有了这次的经验教训，麦肯锡公司要求员工在最短的时间内把结果表达清楚，凡事归纳到三条以内。归纳出来的这三条就是关键句，能让对方快速地听到你表达的中心。

很多人抱怨自己就是无法克服表达时啰唆的毛病，这真的是无法克服的吗？如果只给你1分钟，你真的就不能表达出你想要表达的重点信息吗？你肯定可以。这有一个前提，就是你要克制住自己说“废话”的欲望，在此基础上，你还要做出以下努力。

（1）先说结果，后说过程

如果你想引导对方的思维，创造一致性观点，就要先说结果再说过程。这里的结果就是你的关键句。

一开始先说了结果，那么对方就会在这个结果的引导下跟着你的思维去理解其中的过程。相反，如果你在表达时先说过程，你就会陷入自己的表达模式，而对方也很容易听得一脸疑惑，不知道你到底在表达什么。

（2）先整体后部分

不少人在表达时往往先部分后整体，例如，“我看到各种花栽种在一个院子里面，有玫瑰、木芙蓉、蝴蝶兰……我要是有这样一个漂亮的院子就好了”……

其实，先部分后整体的表达模式是以自我为中心，这种表达往往从一件无足轻重的事情开始描述，而这部分描述只有你自己更有体会，对对方来说则显得啰嗦，且不能引起共鸣。因此，你在表达时要建立整体意识，一开始就提出关键句。

> A（先部分后整体）：“我有一次去外地旅游，你知道吗。那是我第一次去外地旅游。我去之前有很多憧憬，还做了很多攻略，想着一定要好好地玩一玩。我在做攻略的时候，看见有很多旅友都推荐了 xx 地方，等我到了那里，我发现看着确实还挺好，风景确实挺美的，尤其是……”
>
> B（先整体后部分）：“这件事情对我造成了重大的影响，以至于我每次想起来都觉得惶恐（关键句）。事情是这样的，当时我一个人出去旅游，因为人生地不熟，同时又没有防范心理，所以很容易就对主动给我提供帮助的人心生感激，于是……”

对比 A、B 两组表达，B 表达一开始就说到了关键句，即“一件事情对自己造成了重大影响，以至于惶恐”，能让听的人第一时间就感受到说话人的情绪，能够引导听者的思维。A 表达则过于啰唆，从细节开始表达，让人听着累赘，不知道说话人到底想表达什么。

总之，你的表达一定要有关键句，这是成功说服对方，创造一致性观点的关键。

02 肢体和表情要配合表达

美国学者戴维斯（Davis）在他的《怎样识别形体语言》一书中指出“信息总效果 =7% 文字 +38% 声音 +55% 面部表情，”可见，声音和面部表情在表达中的重要性。

如果你的语言听上去很令人信服，但是你的肢体和表情却是与语言相背离的，那肯定会极大地削弱语言的力量，也会让对方看出你“言不由衷”“言行不一”的矛盾心理。相反，如果你的肢体和表情与语言描述一致，就能积极地引导对方的思维，创造一致性观点，增强你的说服力。

> 周薇薇最近失恋了，心情很不好，于是向朋友许阳抱怨：“我真的是太失望了，觉得自己的付出没有得到回报。凭什么他就能干脆地抽身离开啊，我太郁闷了！”
>
> 许阳看到周薇薇伤心的表情，抽了纸巾放在周薇薇的手里，并不断用手抚摸着周薇薇的背，表情很关切，声音也透着心疼：“你别太难过了，事情已经发生了，你要做的就是接受，增强自身的能量，不要沉溺在这种氛围中。你要是一直伤心，我也会觉得很难过。”
>
> 周薇薇看到许阳如此关心自己，于是振奋了精神：“对，你说的没错，我不应该这样！”

从案例看，许阳在关心周薇薇时表情很关切，声音也透着心疼，同时抽纸巾给周薇薇，抚摸着周薇薇的背，肢体动作和表情配合着语言表达，很容易就能让周薇薇感受到许阳是真正关心自己。相反，如果许阳在表达时面无表情，声音也很冷淡，即便说出“你要是一直伤心，我心也会跟着难过”这样的话，也很难让周薇薇信服。

因此，在说服对方时，肢体和表情一定要配合表达，充分地利用身体语言，用姿势、行为举止、表情、眼神、声音等影响你面前的听众。具体来说，你要做好以下几点。

（1）肢体、表情要与语言的情绪一致

你在说服一个人时，不要觉得言之凿凿就可以了，除了语言，你还需要用你的肢体和表情让表达更具有信服力。具体来说，就是要让你的肢体和表情与语言表达的情绪一致。

例如，你告诉对方“我非常信任你，喜欢和你在一起”，此时你的表情和声音是放松的、愉悦的，眼神是温柔的、带有依赖感的，专注地看着对方，同时整个身体姿态朝向对方，那对方就会从你的肢体和表情中找到信服的理由。

相反，如果你在说话时表情和声音是紧绷的、生冷的，眼神毫无波动且冷漠，匆匆瞥完对方一眼后立即将目光转向别处，整个身体姿态背离对方，你觉得对方会相信你说的“我非常信任你，喜欢和你在一起”这句话吗？很难。

所以，肢体和表情配合语言表达可以增强表达的说服力度。你在表达时，不要只将注意力放在语言的表达上，还要多关注肢体和表情是否具备说服力。

A.

肢体和表情配合语言表达，
更容易让人信服。

B.

肢体、表情与语言不同步，
很难让对方信服。

（2）建立“表演者的表达方式”

有的人常常羞于用肢体动作表达自己的情感，也会有一种局促的感觉，他们觉得只要把话说清楚了就好。虽然语言表达到位非常重要，但是仅仅依靠语言来说服对方，却缺乏感染力。例如，演员在电影中扮相漂亮，台词动人，但是在表演时脸上毫无表情、眼神僵硬，你还会觉得台词打动你的心吗？你还会觉得对方的表演情真意切，具有感染力吗？当然不会。

因此，在某种程度上，你在说服一个人的时候要建立类似表演者的表达方式。表演者在表演时不仅依靠自己的语言，还会依靠声音、表情和肢体动作来感染观众。所以，你在说服时要在脑海中建立“我是一个表演者”的思维，积极调动自己的表情和肢体语言来配合语言表达。不要羞涩，尽情地向对方展示你的真情实感。例如，在说“我想你了”时若是再给对方一个大大的拥抱，会更具备说服力。

如果只是干涩地表达，你难以让对方信服。用肢体和表情语言配合语言表达，说话时与对方保持眼神接触，有利于全方位地、深度地传达你想要表达的情感和信息。

总之，如果你想让自己的表达具备十足的说服力，就不要忘记你的肢体和表情语言。

03 站在对方的立场上说话

不可否认的是，我们难以说服对方的原因往往是我们总是站在自己的立场上说话。站在“自我立场”上，自然就难以让对方信服，与你保持一致性的观点。

李洋和妻子王晨吵架了。

李洋抱怨："你说我容易吗？我每天都在外面风里来雨里去，不就是希望你们娘俩过得更好一点吗？可是你老是抱怨我不陪你，你说我哪里有时间？每天陪客户的时间都不够！我容易吗？！我每次加班回来你就一通抱怨，抱怨我不陪你和孩子。你现在不工作，在家里就带一个孩子，还给我说累，你再累有我累吗？我每天回家想看到你一个笑脸就这么难……"

王晨也气呼呼地反驳："你以为带孩子就这么简单？你看你每天忙得不着家，家里所有的事情都落到我头上。怎么了？你现在是嫌我不工作是吧？你以为带孩子做家务不比工作累吗？你说我不给你笑脸，那我问你，你每天回来都醉醺醺的，一身酒气，我怎么高兴得起来……"

站在自己的立场上说话
是很难说服对方的。

虽然站在李洋和王晨各自的立场看他们的话都没有错，但为什么他们无法让对方信服呢？原因在于他们都坚持了自己的立场，而没有站在对方的立场上说话。一个人若是站在自己的立场上说话，常容易陷入主观状态，感受不到对方的心情和想法。同时，在诉说自己的立场时，也常常言辞激烈、表情不够平和，而对方在接收你的这些信息时，也会被激得心浮气躁，只想反驳。

为了避免陷入这种困境，你就要学会站在对方的立场上说话，理解对方的想法和心情，在此基础上创造一致性的观点。具体来说，你需要注意以下几个问题。

（1）克服表面的客观

很多人的确尝试客观公正地站在对方的角度看问题，他们以为自己做到了客观，其实这里的客观有时候是“表面的客观”，本质上还是在帮着主观的自己说话。

例如，“我懂你的付出和辛苦，我也知道你这么多年来一直对我很好，尤其当时我……这些我都记在心里。但是，我还是想要告诉你，其实我也很累，一直都有……”

表面上这个表达是客观的，考虑到了对方的心情，也体谅了对方的付出，然而“但是”一词就又表达了自己的感受，即便你相应地站在了对方的角度上表达，还是无法让对方全然信服。甚至在对方看来，你前面的话语不过是为后面的表达做铺垫。

因此，你在表达的时候，要有意识地避免陷入“表面的客观”。

（2）建立第三视角，查看“客观的自己”是如何表现的

从某种程度上说，受人性和自我保护意识的影响，我们很难做到绝对的客观和公正，很难全情地站在对方的立场上理解对方。这里，我们可以建立第三视角，查看“客观的自己”是如何表现的，进而让自己更好地站在对方的立场上。

第三视角相当于一个局外人或旁观者视角，能够“看着”说话的自己和对方。

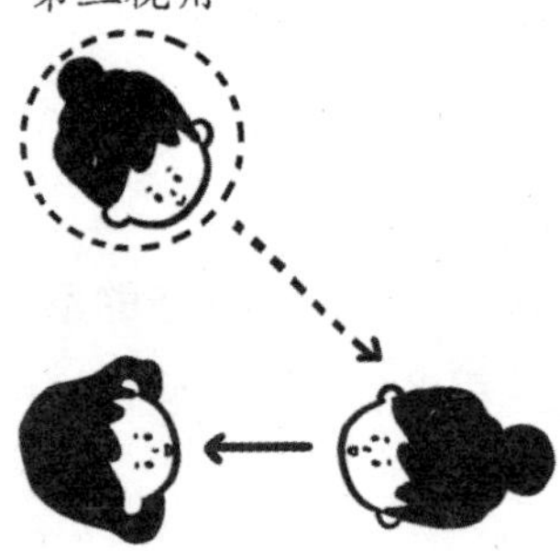

建立“第三视角”看说话的自己，
更容易站在对方的立场上说话。

例如，你打算说服一个人改掉坏脾气，这时你可以建立第三视角，先站在听者的位置，从听者的角度看“我”的反应，想象自己坐在那里说话的样子，然后想象听者是用怎样的心情来看站在那里的“我”的样子。此时，你在表达时会更有意识地关注自己展现出来的态度，如声音是否柔和？笑容是否和善？说出的话语是否客观？是否考虑了对方的心情？这种视角会让你站在对方的立场上说话。

当你用第三视角去看自己和对方，以旁观者的角度去看待双方的沟

通时，你会产生一种很奇妙的感觉，就像是你和同事坐在会议室里开会，总经理坐在主座位上，有一天你坐在了总经理常坐的座位上，所看到的会议室里的风景与你之前坐在自己的座位上观察到的景象大有不同，你也会产生不一样的感觉。也许只是静静看着，你的意识就会有所改变。

建立第三视角能让你更客观公正地站在对方的角度上去思考、表达。简单地说，就是你的话语能让对方心情舒畅，考虑到对方的心情并成就对方的心情。当你做到了这些，你就能大大地提升说服能力，表达出的内容也就更容易说服对方。

能客观地理解对方并站在对方的立场上表达，本身就是一种能力，情感上的共鸣会引导对方与你保持一致性思想，从而说服对方，让对方做出改变。

04 讲道理之前先讲故事

不少人在说服别人时喜欢直截了当地向对方甩出一大串道理，企图用道理说服对方，虽然道理看起来具有较强的说服力，但是道理并不是万能的。一般来说，道理都是别人的直接体验或经验总结，而被传递方一时间很难全然感受其中的奥秘。同时，相较于抽象的、难以产生具体感受的道理，人们更愿意听真实可感的故事，也更容易被故事打动。

例如，你想说服对方“相处中要知道别人的长处和短处，不要用别人的短处为难他”，如果你一上来就甩出这样一个道理，对方可能很难对你的道理产生深度共鸣和信服，甚至会认为你的道理更像是一句口号，从而想要赶紧结束这段对话。

相反，你若是向对方说一个故事，则更容易让对方迅速领会。

> 一天，孔子要外出，天要下雨，可是他没有雨伞。
>
> 有位好事者建议："子夏有，向子夏借。"
>
> 孔子一听就说："不可以，子夏这个人比较吝啬，我借的话，他不给我别人会觉得他不尊重师长；给我，他肯定要心疼。我还是不要为难他了！"

讲道理之前先讲故事，
更具有说服力。

在这个故事中，孔子的一番话不但说清了道理，还用“借伞”这样的小事引发听者的共鸣，很容易就让人明白“不要用别人的短处为难他”这个道理。

因此，你在讲道理之前可以先讲一个故事，让故事先行，等对方情感到达累积点并理解了这个故事后，再以道理收尾，从而达到说服对方的目的。先讲故事，实际上是将故事、信息、事实和感触等融合，从而引起对方情感上的变化，对方也会调动自己的听觉、情感、想象来理解你的故事。当对方成功理解了故事并对此感同身受时，你的道理也就无形间传递出来了。此时，你的道理也深度概括了听者的内心感受，听者内心也会发出“我也是这么想的（道理）”的感叹。

（1）讲通俗易懂、喜闻乐见或亲身经历的故事

有的人讲故事时喜欢长篇大论，或讲述一些大而复杂的故事，其实，这种讲述故事的方式不仅会让对方觉得乏味无聊，还会偏离重心，很难推导出道理。因此，你可以选择一些通俗易懂的、喜闻乐见的故事。故事越是通俗易懂、简单明白，就越是能够吸引人、被对方理解，进而说服别人。例如，你想告诉对方其实人们很难真正地做到感同身受，此时你可以向对方讲述这样一个故事。

> 一只绵羊、一头乳牛和一只小猪被关在了同一个围栏里。有一次牧人去捉小猪，小猪大声嚎叫，猛烈抗拒，绵羊和乳牛看到小猪大喊大叫的模样，很是讨厌：“他也常常捉我们啊，我们也没像你喊得这么大声。”
>
> 小猪回答：“捉我和捉你们完全是两回事。他捉你们只是想要你们的毛和乳汁，捉我却是想要了我的命啊。”

相较于抽象的道理，用一个简单的寓言故事就能很好地向对方传递你想要说的主题，也更能引起对方共鸣。

一般来说，通俗易懂、喜闻乐见的故事包括真实故事、寓言故事等。当然，并不是每个人都对寓言故事和真实故事感兴趣，不同年龄、性别和职业的人所感兴趣的故事类型也有所区别，因此你可以适度地结合对方的年龄、职业最大限度地选取他可能感兴趣的故事类型。

除此之外，你也可以诉说亲身经历的故事。亲身经历的故事更具有真实感，也更易引起对方内心的波动。

例如，你想要告诉对方“身体是革命的本钱，适度减肥能保持身体健康”。

这时你现身说法：“你也看过我之前的样子，跟现在是不是有很大的差别？外形是一方面，我现在感觉自己都变得很自信了。另外，我发现当我开始运动减肥之后我的身体变得很健康，皮肤也好起来了……”

值得强调的是，你在诉说亲身经历的故事时，表达不要啰唆，不要过于细节化，而是要抓住最能打动对方的点进行着重描述。

故事必须承载着你想要传达的道理，否则是无意义的。

（2）讲故事的两点注意事项

不可否认，不少人并不具备讲故事的能力，他们讲故事常常“丢三落四”“前言不搭后语”“颠三倒四”“不能推导出道理”等，听者越听越糊涂。因此，要想讲好故事，你需要注意以下两点。

一是故事与道理要相通，故事要密切关联道理，对方要能够从故事中推导出道理。这就需要你在讲故事之前认真思考，仔细推敲，看看故事能否直接推导出道理。如果你经过思考发现自己要解释一番才能得出道理，那么说明这个故事很容易就让听的人感到迷茫，就要放弃这个故事。

二是讲故事时要注意顺序，循序渐进，一步步吸引人们的关注和兴趣，并引导他们的思维，让其得出结论（道理）。为了让对方能清晰地厘清你所说出的故事，你在讲故事的时候要注重人物顺序和逻辑顺序。

人物顺序。如果故事人物众多，就要注意各人物出现的顺序，并将各人物与主要人物之间的身份关系厘清，否则很容易使听者混乱。

逻辑顺序。逻辑顺序是听者理解故事的基础，好的故事要逻辑分明。很多人讲故事时常常不按逻辑出牌，想到哪儿说到哪儿，认为对方是跟自己一样对这个故事熟记于心，或以为对方能懂得自己构建的故事框架和逻辑结构。事实上，如果你没能站在听者的角度厘清故事的逻辑，那么你讲出的故事很有可能会让对方觉得不知所云。因此，你要有意识地训练自己讲故事的逻辑性。

总之，如果你想更好地引导对方的思维，创造一致性观点，那么讲道理前先讲故事是一个很好的选择。将你要传递的道理放在故事里，更容易被对方理解、接受和信服。

05 做出承诺或者得到承诺

曾经有这样一个有趣的实验。

> 研究人员询问某小区的一些业主是否愿意在院子里的草坪上竖起一块很大的“小心驾驶”的告示牌，结果，绝大部分业主拒绝了。
>
> 接下来，研究人员又在这个小区找了另外一组业主，先让他们在“保护小区环境”的申请上签名，因为这个要求不高，几乎所有人签名了。两个星期后，研究人员又找到这组业主，询问他们是否愿意在自家的草坪前竖起一块很大的“小心驾驶”的告示牌，结果这次将近一半的业主同意了。研究人员解释了其中的“奥妙”，当业主在承诺书上签完名之后，就会把自己看成具有公益精神的小区居民。所以，当两周后他们被要求在自家的草坪上竖立一块广告牌时，为了符合自己新塑造的形象，他们也只好答应了。

为什么只是多了一个让第二组业主在“保护小区环境”的申请上签名这个环节就能产生两种截然不同的效果？关键在于当第二组业主在申请书上签名时，相当于当众做出了一个承诺，为了符合自己“信守承诺”的形象，他们就更可能会做出同意的决定。

因此，要想说服一个人，一个很好的办法就是让他先做出承诺。一旦你得到了他的承诺，无形间就创造了一个一致性的观点，接下来你的说服之路就会顺利很多。

除了得到对方的承诺可以促进说服外，同样，你也可以做出承诺，以己方承诺换取对方的信任，这样也能无形间实现说服。

例如，一名洗衣机销售员向一位客户推荐产品，由于市场上同类产品众多，客户一时难以下定决心购买该销售员所推荐的产品。如果此时销售员抓住机会，迅速做出承诺：“如果您今天购买这款洗衣机，我们承诺您购买吸尘器享8折优惠。”此时的承诺往往比单纯地从产品功能的角度做出的承诺更具有说服力，对方更可能做出购买决定。

迅速做出承诺，更易说服对方购买。

做出承诺或者得到承诺，有助于引导思维，创造一致性观点。具体来说，你需要注意以下几点。

（1）定下目标，做出承诺

加拿大有两位心理学家研究过赛马场的人们奇妙的心理，他们发现，只要给自己选定的马下注，人们对这匹马能获胜的信心就大增。其实，每匹马实际获胜的概率没有任何变化，甚至马本身也没发生任何改变，但是在下注者的脑海里，只要自己下了注，那选定的马获胜的可能性就瞬间增大了。因为人一旦做出承诺，行动就会和承诺的事情趋于一致。

在现实中也是如此。如果你想说服对方做出如你期待的改变，你可以让他定下目标，做出承诺。

> 例如，王雯想说服孩子放弃玩游戏，将心思用到学习上来。
>
> 王雯可以给孩子一个承诺：“如果这学期成绩保持在年级前 20 名，你就可以有玩游戏的时间。”只要王雯的孩子在承诺书上签上自己的名字，孩子就会为了达到自己的目标自发地努力。如果孩子的成绩没有达到年级前 20 名，孩子往往也会为了履行承诺，同意承诺书上的不再玩游戏的要求。

只要孩子做出了承诺，王雯无形间就达到了自己的说服目的，当然，这一切都是建立在孩子自愿的前提之下的，否则不具备可行性。

（2）让人们做出积极、公开和自愿的承诺

从某种程度上说，承诺是一种无形契约，因此会对人们形成压力。同时，大量研究证明，并不是所有承诺都能够兑现。分析能够被兑现的承诺，可以发现它们一般都具备积极、公开与自愿 3 个特征。因此，要想让承诺有效，就需要让它满足积极、公开与自愿的条件。

特征	释义
积极	好的、有益于他人的，而不是消极、自私的
公开	彼此通达、被对方知晓的，而不是遮遮掩掩的；条理清晰，不引起歧义或有漏洞
自愿	遵从本人意愿签署的，而不是强迫签订的

能够被实现的承诺的 3 个特征。

积极的承诺是与消极的承诺相对应的，是指承诺是好的、有益于他人的，而不是消极、自私的。

公开是指你做出的承诺或对方做出的承诺是要彼此通达、被对方知晓的，而不是遮遮掩掩的，同时，承诺要条理清晰，不引起歧义或有漏洞。

自愿是指对方是在遵从本人意愿下签署的，而不是强迫签订的。

相应地，你作为承诺方，也要遵守公开、积极、自愿这 3 个条件，让对方感到真诚可信。同时，你做出的承诺也是可兑现的，要能让对方放心。有不少人为了说服别人，常常做出一些十分吸引人的承诺，最终却不能兑现，或是有折扣地兑现，这样的承诺还不如不承诺。

例如，你当初承诺客户如果购买 xx 产品会赠送一套精美的茶杯，等兑现承诺的时候你用普通的茶杯代替了精美的茶杯，这种打折扣的兑现承诺的行为，反而不如当初不承诺。

（3）将口头承诺变成书面承诺

承诺有口头承诺和书面承诺之分，书面承诺会比口头承诺更正式，也更利于他人付诸实践。因此，当对方做出口头承诺时，你可以顺势让对方做出书面承诺。例如，你去拜访客户，双方就某些条款达成了口头协议，即便聊天过程非常愉悦，也不妨碍你让对方签下合同或证明文件。一旦对方签订了合同，就大大提升了他履行承诺的可能性。

值得一提的是，无论是做出承诺还是得到承诺，都要有真诚友好的态度，而不能一味地为了达到自己的目的而欺哄对方，那样只会适得其反。

06 重复再重复，强化说服力

一般来说，我们在说服他人时往往会有一个核心，这个核心就是我们说服对方的重点。可我们在说服时往往很容易犯一个毛病：重要的话一带而过，不重要的话说了一堆。这种表达会严重削弱你的表达力度，相反，对于重点重复再重复，则会强化说服力。

> 一次，房产中介周文带一个客户看房子。客户刚一进小区就连说了两次“小区的花园真漂亮”，周文暗暗地把这句话记在了心里。
>
> 看到房子之后，客户不停地埋怨客厅太小，周文领着客户走到落地窗前说：“您看，从这里可以看到小区花园的全景，是不是很漂亮？”
>
> 客户点点头，周文又继续说道：“客厅虽然小了点儿，但是在下午阳光正好的时候，您在这里欣赏花园的美景，又幸福又温暖啊！”客户满意地点点头。
>
> 客户看过之后又觉得卧室太大了，不够温馨。周文笑着说：“您这么喜欢花园，这样大的卧室才适合您啊！您可以买几盆漂亮的花，在阳台这里布置一个小小的花园，不但净化空气，还美化视野呢！”最后，客户因为“花园”愉快地买下了房子。

从案例看，周文销售成功的关键点在于，她抓住了客户所在意的点——小区的花园，一再重复，让客户不由自主地喜欢上这套可以看见花园、布置“花园”的房子，最终实现成交。

重复再重复带来的较强的说服力的影响，可谓无处不在。例如，著名的海飞丝洗发水的广告“去屑实力派，就是海飞丝”就是重复再重复，从而达到深入人心的目的。重复的次数多了，该广告语真的会给你一种“海飞丝确实去屑能力强”的感觉。因此，当你想要选择一款能够去屑的洗发水时，有极大的可能会选择海飞丝。这就是“反复重复”增强说服力的具有代表性的一个例子。

具体来说，在使用重复策略时，你要注意以下几点。

（1）抓住对方在意的点重复

重复再重复不是随便拿一句话就重复，而是要抓住对方在意的点，这样才能形成较强的说服力。例如，客户想购买母婴产品，话语中很看重产品的安全性。如果销售员从产品的品牌、价格角度进行说服，并不能将这些信息传递到客户的心里去。相反，如果销售员从产品的“材料”“安全性”等角度向客户推荐产品，则更容易收服客户的心。

重复客户在意的关键点，
能达到说服的目的。

（2）重复三次及以上

很多人在说话时往往觉得自己说过一两遍就能够达到强化的目的了，其实，说一两遍远远不够。如果你不多次强调自己想表达的重点，很有可能就会被对方忽略。因此，重点内容值得多次强调，至少要强调三次。

这里的强调三次并不意味着要将想要重复的话连续说三次，你在重复的时候，需要有一定的时间间隔。一般来说，在对方困惑或犹豫的时候重复比较合适，因为此时对方的意志比较薄弱，容易受到他人的影响，如果此时稍加重复，就会攻克对方的心理防线，引导思维，创造一致性观点。

（3）重复要有语气和声调的区别

一般来说，人们说话会因情绪的变化而形成不同的语气，但大体上会呈现出比较平稳的状态，声音起伏不是特别明显。但是，当你重复想要表达的重点内容时，就要在语气和声调上做出区别，有意识地让对方领会到你重复的重点。否则，如果只是轻描淡写地重复，效果就会大打折扣。

值得一提的是，当你重复重点内容时，与对方保持视线对接，不仅能增强表达效果，还能确认客户是否将话听进去了。

总之，我们在说服他人时要有重复的意识，强化自己的说服力。这是一个不用花费太多力气却能效果倍增的说服技巧，有利于快速地增强你的说服力。

07 引导思维的几个心理学效应

有效说服不仅考验一个人的语言表达能力，还考验其对心理战术的运用能力。在心理学研究中，心理学家发现如果人们能够抓住对方的内心，从心理角度出发，进行微妙的心理互动，不仅能让沟通更顺遂，还能引导对方的思维，创造一致性观点，让对方更信服。下面我们介绍几个引导对方思维的心理学效应。

（1）南风效应

南风效应也被称为温暖效应，是由法国作家拉·封丹（la Fontaine）写的一篇寓言得出的。

> 北风和南风比威力，看谁能把行人身上的大衣脱掉。首先，北风登场，它觉得自己比南风的威力大，也更有力气，于是它冷风呼呼，寒冷刺骨，结果人们为了抵御北风而将身上的大衣裹得更紧了。
>
> 接着南风微微吹动，人们觉得春意盎然，暖意融融，很快就解开纽扣脱掉了大衣。
>
> 最终南风获得了胜利。

南风效应的含义是人如果想要达到目的，就要学会顺应对方的内在需要。这种因启发自我反省、满足自我需要而产生的心理反应，就是南风效应。沟通中同样如此。

如果你想引导对方的思维，创造一致性观点，你就要深入了解对方的内心需求，了解对方需要什么，然后用对方的内心需求去引导他做出改变。

如果想达到目的，
就要学会顺应对方的内在需要。

例如，妈妈不喜欢孩子玩游戏，希望孩子将所有的心思都放在学习上，此时若是怒斥孩子“玩游戏有什么意思？它能让你考上大学吗？你以后别玩了，听见没有”，相信孩子内心是不信服的，也不会心甘情愿地做出改变。

相反，这位妈妈若是说“我知道玩游戏对你来说很具有吸引力，你能在其中得到放松和乐趣。可是，如果过度玩游戏的话会影响学习。这样吧，我们规定一个‘游戏时间’，在‘游戏时间’里妈妈也不打扰你，但是过了这个时间咱们就把心思放在学习上，好吗？”

相信当这位妈妈说出“玩游戏对你来说很具有吸引力，你能在其中得到乐趣”时无形中就引导了孩子的思维，创造了一个一致性观点，同时通过给孩子相应的自由，更能说服对方。

（2）超限效应

> 美国著名作家马克·吐温（Mark Twain）一次在教堂听牧师演讲，一开始，马克·吐温觉得牧师讲得很好，感情充沛，他想着等演讲结束捐出一些钱。
>
> 过了10分钟，这牧师还没有讲完，他就有些不耐烦了，决定只捐出一点儿钱。
>
> 又过了10分钟，牧师还没有讲完，这时马克吐温打算一分钱也不捐了。
>
> 终于，牧师结束了冗长的演讲开始募捐，马克·吐温内心一阵压抑与气愤，他不仅没捐出一分钱，还从盘子里拿了2美元。

心理学上将这种因为刺激过多、过强和作用时间过久而引起的心理不耐烦或反抗现象称为“超限效应”。日常沟通中，同样也是如此。

如果你想引导对方的思维，创造一致性观点，就不能用一种方法、说辞与对方反复交流，而是要创新方法，根据不同的情景做出不同的应对。

例如，孩子打了别的小朋友，父母总是对孩子说：“你打了别人很不应该，下次不能再犯了，听见没有”可孩子依旧打小朋友，父母反复如此说教并不能解决问题。

相反，如果父母告诉孩子“你不能打别的小朋友，这不是一个善良的小朋友会做的事情。如果别人打你，你是不是也会疼，也会觉得很委屈。”引导孩子的思维，即打人是不对的，同时问孩子“如果别人打你，你是不是也会疼，也会觉得很委屈”，创造一致性观点。除此之外，父母还要认真地了解孩子的情绪，即孩子为什么打人，如“妈妈知道你生气，但是你能告诉我发生了什么吗”，正面引导孩子的情绪，真正解决类似的问题。总之，你在说服对方时不要用同一种方式刺激对方，这种方式很难引导对方思维，创造一致性观点。

心理学效应	释义
南风效应	因启发自我、反省、满足自我需要而产生的心理反应
超限效应	刺激过多、过强和作用时间过久而引起的心理不耐烦或反抗现象
甜柠檬效应	个体追求预期目标失败时，为了冲淡内心的不安，就百般提高现已实现的目标价值，从而达到心理平衡、心安理得的现象
巴纳姆效应	人很容易相信一个笼统的一般性人格描述，并认为它特别适合自己并准确地揭示了自己的人格特点，即使这种描述十分空洞，但人们还是会确信这就是自己真正的人格面貌
出丑效应	才能平庸者固然不会受人倾慕，而全然无缺点的人也未必讨人喜欢。最讨人喜欢的人物是聪明而带有小缺点的人

引导思维的心理学效应及其释义。

（3）甜柠檬效应

甜柠檬效应是说个体追求预期目标失败时，为了冲淡内心的不安，就百般提高现已实现的目标价值，从而达到心理平衡、心安理得的现象。

例如，你的朋友还没有结婚，而你有幸福的婚姻，你的朋友虽然内心很着急，但是口头逞强："我觉得还是要顺其自然，一定要遇到对的人。"

这时你如果说："你再不着急就找不到好的对象了，你知道结婚有多好吗？我真不懂为什么你这么不着急。"这很难说服对方，还会让对方内心不痛快。相反，能引导对方的思维，创造一致性观点的说法是："你现在不着急结婚肯定有你的考量，好事多磨。无论什么状态，只要自己觉得开心，其实都很好。同时呢，我也很希望你遇到一个合适的人时可以勇敢一点儿，结婚其实也挺好的！"表达时，应和对方的"甜柠檬"心理，站在对方的角度上冲淡对方内心的不安并提高对方的幸福感，更能够引导对方的思维，创造一致性观点。

（4）巴纳姆效应

巴纳姆效应是指人很容易相信一个笼统的一般性人格描述，并认为它特别适合自己并准确地揭示了自己的人格特点。即使这种描述十分空洞，但人们还是确信这就是自己真正的人格面貌。我们在说服对方时，也不能采用笼统描述，否则很难创造一致性的观点。

例如，A 对 B 说："你是 xx 地方的人，我听说你们那里的人喜欢 xx”，首先这种表达就是以笼统描述定义对方，很难引导对方的思维，创造一致性的观点。同时，这种模糊的、负面的定义会引起对方的抗拒。因此，你若是想引导对方的思维，创造一致性观点，就要克服巴纳姆效应带来的刻板印象，不要笼统地定义对方，而是要对对方形成客观的、友好的和有价值的认识。

（5）出丑效应

出丑效应也被人们称为仰巴脚效应，是指才能平庸者固然不会受人倾慕，而全无缺点的人也未必讨人喜欢，最讨人喜欢的人是聪明而带有小缺点的人。如果你在说服对方的过程中总是喜欢彰显自己的学识和才能，显出一副完美无缺的面孔，或说出一些能塑造自己完美形象的话语，就很难引导对方的思维，创造一致性观点。相反，你若是表现出一些小缺点，会让对方觉得你是一个容易让人亲近的人，对方会更容易跟你产生共鸣。

例如，你说：“我这个人很懂得感恩，还非常热心肠，比如……我觉得很难有人能做到像我这样。”你在说这些话时其实很难引导对方的思维，很难让对方跟你产生同样的想法。对方会不知不觉地质疑你的说法，毕竟世上没有十全十美的人。

相反，你若是说：“我这个人总是粗心大意，还老是好心办坏事，所以有时候我自己都觉得很尴尬。记得有一次……其实这些挺让我苦恼的。”对方可能会点头认同：“太对了，我也是，感觉自己有时候真的傻乎乎的，你刚才说的‘好心办坏事’，我也太有体会了。有一次我……”

当你诉说自己的缺点时，更能吸引对方靠近，对方会认为你是一个真实的人。同时，你也更容易引导对方的思维，创造一致性观点。

总之，当你要去说服别人时，掌握几个有效的心理学效应是很有必要的，这能够帮助你有效地引导对方的思维，或规避一些平常但又非常不利的观念。

本章总结

1. 如果只有1分钟的表达时间，相信你会克制住说废话的欲望。

2. 信息总效果=7%文字+38%声音+55%面部表情。肢体和表情语言比你想象中的重要。

3. 站在自己的立场上说话是很难说服对方的。

第八章

CHAPTER 8

1 分钟说服力提升实践

如何在会议中表达意见，如何有效地演讲，如何调动成交行为，商务谈判中如何解决问题，如何向上司提建议，如何传达指示……本章介绍 6 个能够解决实际问题的表达力提升技巧，精准有效。

01　会议：1分钟表达意见

会议是日常工作重要的组成部分之一，人们也往往需要在会议上讨论方案、表达意见等，但是，不少人在表达意见时会陷入冗长模式，既浪费时间，也让与会人员听不出重点。这里我们提倡1分钟表达意见。具体来说，就是在会议中发言你要注意以下几点。

（1）表达意见的3个注意事项

一是明确对方问的是什么，并思考回答模式。

当你在会议上表达意见时，你首先要明确对方问了什么问题，根据问题组织自己的语言，才能有的放矢地射中目标。尤其当你在会议上被突然点名询问“你的意见是什么”时，因为出其不意，所以你很容易陷入慌乱状态，很难表达好自己的想法，常常会一时间不知道从何说起。因此，你要立刻判断以下问题：

> 用是／否回答可以吗？
> 你被问到具体的意见了吗？
> 只是简单地表达一个意见就可以了吗还是需要更多的意见？

经过这样一番判断，你很快就会锁定自己的大概答案，也就能得出初步结论。有了结论，就可以按照我们的逻辑去组织答案，表达自己的意见了。

二是了解自己所处的位置，是员工还是管理者。

参加会议的人有不同的级别和身份，这时你需要了解自己所处的位置。你是一个普通的员工还是管理者？如果你是管理者，你又处于什么层级？初级、中级还是高级？如果你是一名员工，你又是哪个部门的员工？工作职责是什么？位置不同，所表达的意见也是不同的。因此，了解自己所处的位置，知道自己该说什么，要说什么，发表什么意见比较恰当，也是很重要的。

表达意见的3个注意事项。

三是坚守表达意见的原则：清晰、明确、具体。

在会议中发表意见时，需要遵守清晰、明确、具体这3个原则。

首先，你的表达要清晰，要让对方知道你在说什么。同时，要去除如“嗯”“啊”“这个啊”“我觉得吧”等语气词，这些会干扰听者的思维。

其次，你的表达要有要点，要能让对方从你的表达中得出你的结论，而不是说了和没说一样。

最后，你的表达要落到实处，要能让对方觉得具体可感，而不是让对方觉得你说了一个无足轻重或不存在的事情。

（2）如何发表更有建设性的意见和反对意见

其实，在会议上表达意见是一件很重要的事情，尤其是当你的意见具有建设性、有助于解决实际问题、会带来新发展时，这些都是很受欢迎的意见。

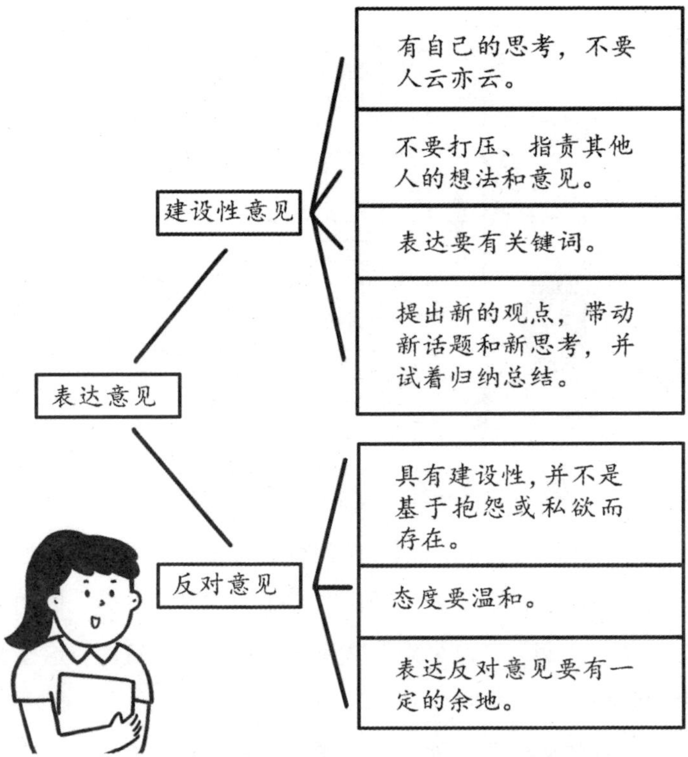

表达建设性意见和反对意见的注意事项。

首先，我们来了解如何表达建设性意见。

一是你在表达意见时要有自己的思考，不要人云亦云。

二是你在表达自己的意见时不要打压、指责其他人的想法和意见。例如，你和对方意见不同，你只需如实地表达自己的观点即可，不要过多地评价对方的意见。另外，如果你想给上司提意见，也要注意表达方式，要用探讨协商的语气，而不是上司非答应不可的架势。

三是你的表达要有关键词。说话要落到实处，让与会人员明确知道你在表达什么，而不是想到哪里说到哪里。你在表达意见时，可以用第一点、第二点、第三点来表达，同时，你也可以将1分钟分为3个20秒，每个20秒表达一个意见，一方面干脆利落，另一方面也能尽量避免赘言。

四是在表达的时候你要提出新的观点，带动新话题和新思考，并试着归纳总结。具体来说，你在表达意见前要认真了解当前发生了什么事情，其他人的观点是什么，然后你再认真思考自己的观点是什么，它是不是有价值的、新的、别人没有采取的视角、经得起推敲的，同时清楚地把自己的观点表达出来。表达完毕对自己的表达进行再度归纳总结，再次表明想法。

在会议上如何表达反对意见也很重要。在会议上提意见时，并不是统一口径的意见就是“好意见”，换句话说，如果意见呈现一面倒状态，从某种程度上说也是没有价值的。正反意见的出现会激发一个矛盾点。当然，这个矛盾点并不是一个坏的信号，反而非常有意义。因为有时候越是争论就越是接近真相，越可能找到更好的办法，也能让参会人员享受更多的观点碰撞的乐趣。

此时就涉及如何表达反对意见。在表达反对意见时，你要明确以下几点。

一是反对意见要具有建设性，并不是基于抱怨或私欲而存在。例如，有人在会议上提出要废除 xx，而废除 xx 的前提是有合理的理由支撑，而不是出自一己私欲。

二是提出反对意见时态度要温和。不少人在会议上提意见时，总是声音严厉、面色紧绷，其实这种表现很容易给其他人造成压迫感。因此，即便是表达反对意见，也要保持温和的言语，声音不要具有攻击性。

三是表达反对意见要留有一定的余地。很多人在提意见时习惯使用“我认为……”“我觉得……”这种个人意味太强的表达方式，很容易引起对方的误解，其实，在表达反对意见时宜多采用“如果……就更好了”“要是能在 xx 上做出调整，就会……”等句式，说话留有一定的余地，尊重听者的感受，其实也是很有必要的。

总之，要想在会议上用 1 分钟清楚表达自己的意见，就一定要让话落到实处，既说出自己不同的想法，积极推进会议进程，又要提出一些新思想，展现出意见的价值，让人信服。

02 演讲：切勿自说自话

不少人的演讲其实是对自己的演讲，容易陷入自说自话的状态。一旦你陷入此状态，那么你的听众就会觉得自己被忽视，此时你的演讲便难以吸引听众，听众会露出无聊的表情。如果你录下自己的这种自说自话的演讲视频，你会发现自己的演讲毫无魅力可言，甚至你自己都不知道你在说什么。

例如，你的演讲内容是“大家好！今天我的演讲主题是……请看大屏幕，这个图表……大家需要对 xx 引起足够的重视，因为我们发现……最后，请大家一定要记住……”，与其说是演讲，不如说你像一个天气预报员一样在展示信息，全程与观众没有互动，自然很难将想法传递到听者的心里去，让其信服。

除了声音没有感情外，自说自话的演讲还可能出现声音非常小且逻辑不清，内容生硬死板，很难清楚地把你的想法传递给听的人的问题，这使得你的演讲毫无效力。

因此，要想提升你的说服力，在演讲的时候切勿自说自话。具体来说，你要做到以下 5 点。

放大声音，增强语调，音调随着感情起伏变化。

演讲的内容翔实、生动且打动人心。

演讲既要有热情也要有逻辑。

有“我说给你听”的意识：保持视线接触并面带微笑。

时间允许的话，做好彩排。

演讲的 5 点要求。

（1）放大声音，增强语调

一般来说，自说自话的人常常声音较小，喃喃自语，如果评价这种人的演讲怎么样，几乎七成人首先会说到“声音小”这个问题，如“他声音太小了，我听不见他在讲什么”。

演讲不等于平时说话或是自言自语。换句话说，如果演讲还是按照平时说话的语气、音调、声高，那是远远不够的。因此，改掉自说自话的第一步就是改变声音的大小，音量充足听起来才会有力。

改变声音的大小之后，你还要改变声音的音调，如果你的音调毫无变化，那么你面前的听众就会觉得沉闷，就会在你的演讲中昏昏欲睡。因此，除了加大音量外，你的音调也要随着感情起伏变化，让你的听众从中听出你的情感。

（2）演讲的内容翔实、生动且打动人心

语言是传达想法的工具，如果只是声音大，但内容空洞无物，也是没用的。演讲也要把自己的想法放在语言里，传达自己的主张，让对方行动起来。

当你表达的内容翔实、生动且打动人心时，听众会沉醉在你的演讲中。从一些广受好评的演讲视频来看，很重要的一点是演讲者的演讲内容或朴实或创新或打动人心或贴近现实生活，既能传达出自己的想法和观点，又能从某种程度上将个人的经历或体验表达出来，与他人形成共鸣，这部分很“硬核”。

当演讲的语言打动人心时，听者的心理就会产生变化，他们就

会不自觉地想在这段演讲中寻找共鸣，建立体验，当听众能够从你的演讲中找到他们需要的东西时，你的演讲才能取得实效。

（3）既要有热情也要有逻辑

在演讲中，演讲者一定要有热情，如声音要有情感和节奏，音调清亮，表情柔和且温暖，甚至眉毛都要具有情绪感染力，并伴有一定的肢体动作，能够传递演讲者的情感。但是，光有热情也是不够的，演讲者的表达还要具有逻辑，一层推着一层，缓缓展开并慢慢行进，而不是想到哪里说到哪里。

（4）有“我说给你听”的意识

如果听众只是一个人，你可以就近询问:“这样的音量可以吗？”如果听众是多人，你就要询问自己的音量是否能让最后一排的听众听见。直到最后一排的听众确认完毕，就可以了。

除了声音方面要有“我说给你听”的意识外，你的非语言信号同样要展现出“我只为你演讲”或“专门为他而演讲的”感觉，而不是自说自话。换句话说，靠近听众，不是“我和你”的关系，而是“我们”。因此，你在演讲时不要将听众当成一个与你隔离的个体，而是要将对方看成你演讲的一部分。

一是你要和听众保持眼神接触，要专注地看着你的听众。保持眼神的对视非常重要，一方面可以将你的情感和信息通过眼神告诉对方，另一方面也可以确认对方是否在认真倾听。

二是你在演讲时要面带微笑，肢体动作也要柔和一些，让听众感受到你的愉悦与自在。

三是你的声音要有情感，声调要清脆友好并富有变化，让对方从你的演讲中得到更多信息和乐趣。

当你做到以上三点时，听众会有一种强烈的“他是在为我而演讲”的感觉，这种感觉会使听者更愿意集中精力听你的演讲，并被你的演讲打动，产生信服感。

（5）时间允许的话，做好彩排

台上十分钟，台下十年功。不管你是演讲新手还是演讲老手，你都要做好必要的彩排和练习工作。你可以反复练习、一遍遍录音，改变自己的语气、语调，再去听，再去调整，尽量给观众良好的视听体验。甚至你可以坐在听众的位置上，再去“看”台上自己的样子，这个行为相当于建立了一个旁观者的视角，去看待演讲的自己，此时你会有更多的感受，从而做出相应的调整。

总之，演讲切勿自说自话，当你把自己投入演讲场景中时，就需要调动自己的一切感官与眼前的观众互动。要想在短暂的时间里说服对方，仅靠语言的力量是不行的，你需要用自己的声音、表情、眼神、肢体动作与观众互动，用你的热情和能量打动对方。

03　销售：调动成交行为是关键

在销售行业，说服能力是销售员的基本功。然而，在一般的销售活动中，很多销售员只是一味地强调产品的功能和价值，其实这种做法很难打动客户，说得再多也无济于事。导致这种情况出现的原因是，销售员没能有效调动客户成交行为或没有调动客户成交的意识。换句话说，要想销售成功，从始至终销售员都要有一个意识：所有的表达都是为调动成交行为服务的。

（1）引导对方的思维，调动对方的情感

从某种程度上说，虽然客户购物时有一定的理智，但是大部分客户还是更多地受到情感的驱动。如果销售员没能驱动客户的情感，引导客户的思维并唤起客户的需求，即便产品质量优良，客户也难以“按下”购买的“按钮”。

> A：“您想了解一下我们最新上市的洗碗机吗？”
>
> B：“不好意思，我不需要。”
>
> A：“其实您仔细想一想，是不是自己大多时间都被家务活占据了，很少有时间陪孩子好好谈心，和老公说说话？”
>
> B：“确实有一点儿。女人一结婚就会发现家务活是忙不完的，或许我的确需要一台洗碗机。”

从案例看，其实客户一开始并没有对洗碗机产生需求，但是销售员也没有一味地陈述洗碗机的功能和作用，而是从陪伴家人的角度激发对方“家务活是干不完”的情感，从而让客户产生“或许我的确需要一台洗碗机”的想法。

（2）抓住成交信号，在合适的时机凑一把火

成交时机瞬息万变，因此，一旦销售员观察到客户有成交的意思时，就要积极地调动成交行为。一般来说，成交信号有以下3种。

一是表情信号。例如，客户看一件产品时，眼神发亮，眼睛转动由慢到快，微微抿紧嘴巴，表情由冷漠、怀疑、拒绝变为热情、亲切、

轻松自然等。

销售中，调动对方的情感非常重要。

二是语言信号。例如，客户主动询问售后服务，征询别人的意见，询问付款方式和交货时间，了解产品的使用方法，对产品的细节提出质疑等，这些显示客户对产品是有需求的，成交欲望比较强烈。

三是行为信号。例如，客户反复试穿产品并前后打量，反复阅读说明书，不断用手触摸产品，与销售人员相处变得热情、亲近起来等，这些也显示出客户对该产品很感兴趣。

当销售员观察到以上 3 种信号后，就要乘胜追击，迅速调动成交行为。

成交信号的 3 种表现。

（3）让客户明白成交机会难得

有时，客户对产品有需求，并且有购买的欲望，但还是迟迟不按下成交的“按钮”，面对这种情境，销售员需要让客户明白成交机会难得，进而有效调动成交行为。

例如，客户看上了一款电动牙刷，很想购买，但考虑到电动牙刷要比普通牙刷贵很多，所以客户并没有下定决心购买。这时销售员说：“今天是我们牙刷折扣活动的最后一天了！另外，如果您选择今天购买我们这款电动牙刷，我们还会送您 3 个牙刷头，非常划算。”这段话打动了客户，客户最终购买了电动牙刷。

从例子看，销售员就是用牙刷折扣活动的最后一天和赠送3个牙刷头来暗示客户成交机会难得，进而有效地调动了成交行为的。

（4）营造假设成交情境

调动成交行为还有一种很有效的方法，就是营造假设成交的情境。

例如，“如果我们这边降低成本，您这边打算增加多少的产量呢”“如果我们能够满足您的要求，您打算购买多少呢”“如果您现在打算购买，您打算用什么方式付款呢”“您现在要是购买的话，是要打包还是现在穿上呢”“您是打算要白的这款还是黑的这款”等。

假设成交情境就是销售员假定客户已经决定购买产品了，这一行为能有效地将销售带入实质性阶段，并且加快了客户的思考过程。另外，客户在面对假设成交情境时，也不得不做出回应。值得强调的是，营造假设成交的情境虽然很有用，但是销售员在使用时一定要注意以下两点。

一是这一方法适合性格比较随和、依赖性较强的客户，不适合一些性格比较强势、有主见的客户。

二是销售员在说这些话语时要使用自然、温和的语调并面带微笑，要能让客户感受到轻松友好的环境，不会有极强的压迫感。

总之，销售员在销售过程中要始终记得任何言行都是为调动成交行为服务的。换言之，如果销售员与客户聊得很尽兴，但是没有在言语中引导客户购买产品，那也是无效的。

04 商务谈判：解决问题才是根本

商务谈判是买卖双方为了促成交易而进行的活动，或是为了解决买卖双方的争端并取得各自的经济利益而进行的活动。小到生活中的讨价还价，大到企业法人之间的合作、国家与国家之间的经济技术往来，都离不开商务谈判。

在不少人的观念里，商务谈判是你争我夺，争夺利益，确实，这是其中一个方面，但是商务谈判的根本还是解决问题，通过说服使双方获得既定利益，从而成交。

在商务谈判中，谈判双方陷入僵局，往往是因为双方都站在各自的立场上，没有从对方的立场调和冲突，此时双方的关注点也就集中在利益上。但是，关注点集中在利益上并不能真正地解决问题，而且在争夺利益的过程中往往会激化矛盾。此外，我们可以思考一个很简单但又让很多人看不透的事实，即如果对方能够成功解决你的问题，那你还会斤斤计较这一分半厘吗？相信你会很愿意让出一部分利益来推动问题解决。

因此，在商务谈判中，需要坚持以解决问题为原则。具体来说，在推动解决问题的谈判中要注意以下 4 点。

（1）找到双方共同的目标，不预设立场

传统谈判是要击败对方，己方获得胜利，现如今的谈判是双方共同解决存在的问题，即解决问题使双方都能获得利益。因此，谈判的第一个阶段就是要找到共同的目标。只有双方基于共同目标的谈判，才能更投契合拍，朝着共同的方向努力。

商务谈判的4点注意事项。

共同的目标是双方都抱着友好的解决问题的心态来谈判，谈判初始就要展现自己的友好和风度，懂得为对方考虑，并具有一定的理解力和容纳之心，而不是一开始就怀抱抵触心态和戒备心。同时，在谈判之前不要预设立场，一旦预设了立场，你就无形间与对方设立了一道屏障。正确的做法就是将焦点放在双方的利益上，专注于探索双方的共同利益，并满足双方的需求。突破预设立场就是不要把对方当成自己的“假想敌”，更不要把对方放到自己的“对立面”。

（2）把焦点放在对方的身上

人一旦陷入谈判的情境，就会无意识地把焦点放在自己的身上，分毫必争。因此，即使双方在第一阶段已经找到共同目标，你在第二阶段也极易出现把焦点放在自己身上的情况。这种做法很不利于解决问题。正确的做法就是把焦点放在对方身上。

首先，保持倾听。在谈判中认真倾听对方的表达，这既是一种风度的展现，又能获得很多重要的信息。一般来说，你在倾听的时候要做到以下三点。

一是毫无偏见地倾听，不要带着敌对的心态去倾听、理解对方的话语。

二是当听到与自己的想法不一致的观点时，要学会尊重对方的想法并学会设身处地地倾听，尝试理解对方意图的合理性。

三是耐心等对方把话说完，不打断对方。

其次，关注对方的情绪，让谈判维持在一个友好沟通的氛围中。具体来说，当你发现对方情绪低沉或出现负面情绪时，不要展现同样的负面情绪，而是要尝试说一些轻松友好的话语，提高对方的情绪。例如，“是不是我刚刚哪里表达得不好，让你产生误解了”等，帮助对方放松心情，营造友好沟通的氛围。

（3）接受对方的动机和意图

谈判出现僵局往往是因为双方难以接受彼此的动机和意图，更不愿相互妥协。如果想要打破僵局，让局面出现转机，很重要的一点就是要接受对方的动机和意图。但是，接受并不意味着完全接受，而是有选择地妥协。

首先，你要确定在此次谈判活动中哪些问题是重要的，哪些问题是次要的。在次要问题上让步，不仅不会损害双方的主要利益，还会让对方感知你的尊重与诚意。

其次，在让步的时候要控制好让步的幅度，不能过于折损己方利益。

最后，引导对方转变思维方式。例如，对方不同意“1+1=2”，那么你可以变成“1+2−1=2”，在保护好双方利益的前提下转变思维方式，让对方更容易接受。

（4）关注机会而不是问题

在商务谈判中，纠结一些无关痛痒的小问题是一件很浪费时间和精力的事情，同时，也会降低成功解决问题的概率。

因此，为了能够成功解决问题，在谈判的最后阶段你要关注机会而不是问题。例如，对方对你提出的报价不是很满意，但是不满意并不意味着拒绝，双方之间还是有商量的余地的。如果你错误地把这当成一个危险的信号，极容易乱了阵脚，破坏双方的谈判关系。

总之，在商务谈判中要本着“解决问题”的意识谈判，而不是本着“你争我夺，过分关注己方利益”的思想谈判。一旦你能关注到谈判的根本其实是解决问题，你就会打开新局面。

05 向上司提建议：不要表达要对话

在现实工作场景中，不少人向上司提建议时总是一股脑儿地表达出很多内容，而上司听完员工的表达后，并不能记住多少有效内容，也无法厘清事实，往往还处于很迷茫的状态。同时，因为双方信息不对等，上司也很容易对下属的建议提出质疑。

> 张玮是一名产品宣传员，每周都需要向上司汇报营销计划，提出新产品的宣传策略和现有产品的销售策略。因为新产品在市场推

> 广方面出现了一些困难，于是他打算建议自己的上司加大宣传力度。
>
> 张玮是这样提建议的：“这是新产品的宣传计划。目前，我们的新产品在上海、深圳等一线大城市的市场销售量呈上升趋势，但在二三线城市没有达到预期的销量。因此，我们打算在二三线城市多做一些宣传，具体的宣传计划是……所以，我们这边建议您能够加大宣传力度，尤其是在……”
>
> 上司听张玮说完这一大段话，问道：“你刚才说的宣传计划打算从哪个城市开始做呢？这些计划都能具体落实吗？会不会带动销售呢？这样做下去有意义吗？成效多大呢？”
>
> 张玮：“啊……这个……”他一时被问住了，觉得很气馁。
>
> 上司又说道：“你回去再准备准备吧！”

这可能是不少下属向上司提建议时会面临的窘境，即便自己认为已经准备得很好了，还是有可能被上司的一句话就驳回来了。既没有得到想要的答案，又加重了自己的负担。

其实，向上司提建议应注重方法，如果你用表达的方式提建议，不仅难以展示事物的全貌，也难以展示细节、落到实处。因此，用对话的形式向上司提建议才是上好的选择。

同样仍以张玮向上司提建议为例。

> 张玮说：“李总，我们的新产品目前还没打开市场。市场部的同事希望我们能够加强推广力度。”
>
> 上司问：“哦？你们打算怎么推广？”
>
> 张玮说：“我们现在的计划是先在二三线城市做一些宣传……”
>
> 上司问：“具体来说呢？在二三线城市推广的首要工作是什么……”
>
> 张玮答：“……”

向上司提建议，用对话的方式进行，
更容易解决问题。

从案例中不难看到，通过对话的形式，张玮一方面可以把自己的想法说给上司听，另一方面能收到及时的、有针对性的反馈，一步步导向自己的目标。

具体来说，下属在向上司提建议时要想做到“不要表达要对话”，就要做到以下几点。

（1）意见不和时要客观公正

不可否认的是，下属和上司因为立场和出发点不同会存在意见不和的情况，一旦双方意见不和，气氛就会变得僵冷，下属提建议的情绪也会出现波动。

在这种情况下，下属要有意识地保持警觉，对当下发生的事情有认知并及时调整，控制渐渐变得糟糕的气氛，克制主观的自己，而转换到客观的自己。即便上司与自己的意见不合，下属也不要急着辩解或争执，而要等上司把他的想法表达完毕，再心平气和地表达自己的想法或做出解释。

（2）提出的建议要明确、有依据

为什么有的下属在给上司提建议时很容易就被上司几句话问回来了？其中有一个很重要的原因是下属提出的建议没有依据，经不起推敲。尤其是在对话中，如果下属提的建议没有经过认真的思考，很容易就被上司两句话打发了。因此，下属在给上司提建议时一定要仔细斟酌，并明确每个建议背后的依据。这样在真正的对话中才能够有支撑。同时，有明确依据的建议相比随便提出的建议更具可行性和价值，也能提升对话的质量。

（3）将对话引入“可以共享的地方”

上司和下属掌握的信息不对称，即便讨论的是同一个问题，有时候也很难达成共识。另外，大部分下属在向上司提建议时本质上还是希望事情朝着一个更好的方向发展的。例如，张玮建议上司提高宣传力度，目的是提高产品销量，而这同样是上司非常想看到的结果，因此，双方在对话时将对话引入“可以共享的地方”很重要。

尽量把对话引入“可以共享的、能达成共识的地方”，在达成共识的点对话，也会让建议发挥更好的效果。

> 一位下属向上司提建议：“我们希望您在 ×× 方面提供帮助，以提升业绩。”
>
> 上司回复说：“做 ×× 事情，真的会对销量有帮助吗？”
>
> 下属回答：“我们在产品宣传策略上下了功夫，同时也参考了很多同行案例，发现……所以我们有理由相信朝着 ×× 方向前进会取得成果。”

从案例看，下属和上司在“提升业绩”上达成共识，并在此基础上探讨做什么事情能够提升业绩，对话具有针对性，一来一回进一步厘清了问题，得到了更有效的答案。

总之，下属在向上司提建议时不要表达要对话，意见不合时要客观公正，提出的建议要明确、有依据，并要将对话引入“可以共享的地方”，让双方都能在对话中不断厘清事实，综合两者的想法解决问题。

06　传达指示：结论先行，再找理由

在工作场景中，传达指示也是一个日常的工作。上司常常会给

下属传达指示，但不是每个上司都能做好这个工作。有时候，下属在听上级传达指示时，脑海里也会出现一个声音“领导到底想让我做什么啊”或“领导到底想跟我说什么啊”……

> 周一早上张总跟周莉莉说：“最近我们项目会出现一点儿变动，因为客户方对我们所提供的方案并不是很满意，尤其是在产品报价上，但是我们的报价已经不能再降低了，如果再降低，就会损害我们自己的利益了。另外，除了产品报价，在 ×× 上客户方也对我们提出了质疑。其实，客户的这点质疑也挺没有理由的，因为……”
>
> 张总一直在说，周莉莉听着非常迷茫，不知道张总究竟想与自己说什么，于是，周莉莉弱弱地打断：“张总，您现在要我做什么呢？”

传达指示“先说理由，后说结论”，会让下属很迷茫。

张总听见周莉莉的询问，停止了进一步的诉说，转而回答："哦，我是想你能不能以当前的方案，联系别的客户方，如果别的客户方同意我们的方案，那我们就更换合作方。"

从案例看，张总传达指示的方式让周莉莉感到迷茫，关键原因是张总在传达指示时先说出了一堆理由，很难让周莉莉快速明白他究竟想表达什么。随着时间的延长，周莉莉的迷茫会随之加深。相反，如果周总在传达指示时先说一句结论，即"我们可能要更换客户了"，此时周莉莉就能快速地了解张总表达的重点是什么，接着当张总说到"客户方对我们的报价不满""客户方对 xx 提出了质疑"等时，周莉莉也能进一步明白张总决定更换合作方的原因。

换言之，这种"结论先行，再找理由"的汇报方式不仅第一时间就能让对方知道你要表达的重点即你的结论，还能让对方有效理解你接下来的理由，既轻松又高效。

因此，你在传达指示时要掌握"结论先行，再找理由"的报告方式，第一时间就抓住核心，直接抛出结论，然后再阐述支持结论的理由，让表达既具有说服力又高效。

（1）使用 SDS 传达指示

SDS 即“Summay（总结）- Detaily（详细）- Summay（总结）”，先说结论，然后再详细说出其中的原因，最后再总结，强化一下结论。

> 例如，上司传达“我们要在一个月内做好新项目”（结论）。
>
> 接着上司进一步说明理由“要想做好新项目，我们就要先制订战略，并确认完成项目的几个规则。同时，我们还要一起相互讨论这个新项目，交流想法，确认行动的障碍是什么，相互讨论并总结修改意见。此外，我们还要一起编制行动计划书（详细）。总之，我们的一切行为都是为做好这个新项目而服务的（结论）”。

这个传达指示方法清楚、明了，结论先行，不仅能够让下属第一时间就听出重点（即结论），在结论的引领下，还能更好地领会理由，从而更容易达成共识。

（2）清楚、有节奏地表达

虽然看上去先说结论再找理由很简单，但是真正实践起来也不是很容易，你只有清楚、有节奏地表达，才能增强表达效果。具体来说，你在表达的时候不能一股脑儿甚至一口气不喘地将话语全部倒出来，而是要有所停顿。

例如，你在开头表达完结论后，要停顿 1 ~ 2 秒，然后用一个引导句衔接下面的理由，如“我出于以下几点考量”“我有三点支撑我刚才表达的结论”“我是这么认为的，一是……二是……三是……”等，如此表达，既条理分明，又能清楚、有节奏地表达。

需要注意的是，管理者在传达指示时要尽量让自己的语言简洁易懂，进而帮助下属更快速地领会关键信息。

（3）关注下属的情绪

上司在传达指示时，不能认为自己传达完指示就结束了，除此之外，上司还要关注下属的反应。具体来说，管理者要关注下属是否完全理解了自己所传达的指示或者下属是否对自己传达的指示有负面情绪。

例如，当上司看到下属在听完自己的指示后露出一脸疑惑的表情时，上司就要询问“我刚刚都说明白了吗”或“你都理解了吗”，进一步向下属确认所传达的信息是否已被理解。

如果下属听完自己的指示后显露出负面情绪，如面无表情或满脸不高兴、下意识地撇嘴角、不愿意与上司对视等，这时候上司不要心生怒气，而是要温和地询问下属“有什么困难吗”“你有什么疑问吗”“你有什么想说的吗”等，真诚地了解下属的想法，消除其负面情绪。

总之，“结论先行，再说理由”尤其适用于工作汇报、传达指示，在传达指示时先说结论后说理由是很容易就能掌握的一种表达技巧，它能快速提升你的表达能力和效果。

本章总结

1. 表达意见的原则：清晰、明确、具体。
2. 演讲既要有热情又要有逻辑。
3. 在销售中，所有的表达都是为调动成交行为服务的。
4. 向上司提建议时以对话的方式进行，更容易解决问题。